幼稚園・保育園

保護者会・誕生会 園長あいさつ実例集

保護者の心を動かし、子どもの成長を願う
1年間の園長あいさつ36例

教育開発研究所 編

教育開発研究所

まえがき

幼稚園・保育園・こども園の運営を司る園長のあいさつ・メッセージに関する書物を出版してほしいという読者の声に応えて、また、同趣旨の書店の要請に応えて、『〈幼稚園・保育園〉一年間の園長あいさつ・式辞集』『〈幼稚園・保育園〉園だより園長メッセージ実例集』の二冊を、二年続けて刊行して参りましたが、本年は、幼稚園・保育園・こども園の行事の中でも、特に保護者とのコミュニケーションを図り、園運営を円滑に進めるために重要な行事である保護者会・誕生会に着目し、その運営の仕方、あいさつの進め方、出し物の工夫などについて解説する書物として、本書を刊行することになりました。

本書は、『〈幼稚園・保育園〉保護者会・誕生会園長あいさつ実例集』と題し、園長あいさつの実例を三六例掲げるとともに、保護者会・誕生会の運営の工夫、出し物の工夫についても具体的な展開例を示し、保護者会・誕生会を実りあるものとし、保護者が出席してよかったと思えるものとすることができるようなアイデアを満載しております。

以前にも増して、幼稚園・保育園・こども園の運営は、保護者とのコミュニケーションを図り、保護者の協力を十分に得ながら行うことが不可欠となっております。幼児期の教育の第一義的な責任は、家庭にあることに着目するならば、設置形態の如何を問わず、就学前教育は、幼稚園・保育園・こども園と家庭との連携による「共育」という形で行うことが望ましいということになるでしょう。

本書には、幼稚園・保育園の運営を知り尽くしたベテラン園長、園長経験者が、自ら行ったあるいは想定される保護者会・誕生会の具体的な展開例・あいさつ例を示しながら、保護者会・誕生会の運営の仕方のノウハウ、あいさつのポイント・留意点をリアルに示しています。

読者の皆様におかれましては、保護者会・誕生会の意義を明らかにし、その本質を端的に示すとともに、そのあるべき姿を模範的に示した本書をご参照されることによって、学期ごとの保護者会、あるいは、各月の誕生会の運営、あいさつ・出し物の工夫にお役立ていただければと思います。

平成二九年三月、「幼稚園教育要領」「保育所保育指針」「幼保連携型認定こども園教育・保育要領」が改訂され、平成三〇年度より施行されておりますが、これらは、同時に改訂され、平成三二年度から施行される小学校学習指導要領へのスムーズな接続を図る就学前教育のあるべき姿を示したものと言えると思います。

就学前教育の重要性が指摘され、さらなる制度化が進む中、子どもの成長の最初の部分を担当する幼稚園・保育園・こども園の役割は、益々重要なものとなるものと思います。

どうぞ、日頃の園運営の中で本書をお役立ていただき、保護者の心を動かし、子どもの成長を願う園長あいさつを創造され、幼稚園・保育園・こども園運営の理想的な展開にお役立ていただければと思います。

二〇一九年三月

教育開発研究所　**五十貝　博之**

凡　例

本書は、全体が大きく全二編に分かれており、第一編が保護者会の園長あいさつに関する内容、第二編が誕生会の園長あいさつに関する内容となっています。第一編は、序章と年度当初～年度末の保護者会の園長あいさつに関する内容、入園説明会の園長あいさつに関する内容で構成されており、全八章に分かれています。第二編は、序章と４月～３月の誕生会園長あいさつに関する内容で構成されており、全一二章に分かれています。

第一編・第二編の序章においては、それぞれ保護者会・誕生会の園長あいさつに関する総論が解説されており、その他の章においては、全三六のあいさつ実例が場面ごとに分かれて掲載されています。

全三六のあいさつ実例に関する項目は、それぞれ次のように構成されています。

第一編の各項目は、それぞれ「あいさつの概要・保護者会の流れ」「あいさつ実例」「あいさつの留意点」によって構成されています。「あいさつの概要・保護者会の流れ」は、あいさつの概要と保護者会の大まかな流れが矢印によって示されており、「あいさつ実例」には、保護者会の園長あいさつの実例が一四掲載されており、「あいさつの留意点」においては、あいさつを進めるに当たって注意する点、留意事項が示されています。

第二編の各項目は、それぞれ「あいさつの概要・誕生会の流れ」「あいさつ実例」「あいさつの留意点」によって構成されています。「あいさつの概要・誕生会の流れ」は、あいさつの概要と誕生会の大まかな流れが矢印によって示されており、「あいさつ実例」には、誕生会の園長あいさつの実例が二二掲載されており、「あいさつの留意点」においては、あいさつを進めるに当たって注意する点、留意事項が示されています。

目次

執筆者一覧（執筆順）

鈴村　邦夫　東京福祉大学教授、元東京都千代田区立九段小学校長・九段幼稚園長
山田　茂利　帝京大学准教授、前東京都千代田区立麹町小学校長・麹町幼稚園長
和田万希子　東京都台東区立清島幼稚園長
淺川　　宏　前東京都千代田区立お茶の水小学校長・お茶の水幼稚園長
和田　利次　東京都中央区立泰明小学校長・泰明幼稚園長
佐藤　正吉　学校法人暁星学園暁星幼稚園長、暁星小学校顧問
山形美津子　白梅学園大学附属白梅幼稚園長
真木千壽子　東京学芸大　学芸の森保育園長
田代惠美子　明治学院大学特命教授、前東京都墨田区立立花幼稚園長
鈴木かおる　東京都台東区立育英幼稚園長
中馬　民子　こども科学センター・ハチラボセンター長、元東京都渋谷区立広尾小学校長・広尾幼稚園長
中村　千絵　東京都千代田区立番町幼稚園長
田中　　裕　社会福祉法人藤花学園北野保育園理事長

第１編

保護者会園長あいさつと運営上の工夫

序章

保護者会園長あいさつと運営上の留意点

〈幼稚園・保育園〉保護者会園長あいさつの留意点とポイント

東京福祉大学教授
元東京都千代田区立九段小学校長・九段幼稚園長　鈴村　邦夫

保護者会園長あいさつにあたっての留意点

あいさつの内容を考える前に、園長として把握しておくべき事柄を以下に述べる。

①これからの保育の在り方を知る……平成二九年三月に「幼稚園教育要領」「保育所保育指針」「幼保連携型認定こども園教育・保育要領」が告示された。言うまでもなく、それぞれの保育が目指す内容が示されている。三つが同時に出された意義は深いものがある。目的及び所管が異なるということから、これまでも、その垣根を取り払う努力が行われてきた。それらを一歩進めて、共通事項である「幼児期」に着目して、その後の初等教育を人間性の育成を基盤として、発達や学びの連続性を踏まえ、これからの日本の在り方を見据えた内容になっている。

②小学校との接続を意識する……幼児教育において育みたい資質・能力は、「幼児教育においては、幼児期の特性から、この時期に育みたい資質・能力は、小学校以降のような、いわゆる教科指導で育むものではない。幼児の自発的な活動である遊びや生活で、感性を働かせよさや美しさを感じ取ったり、不思議さに気付いたりできるようになったことなどを用いて、いろいろな方法を試したり工夫したりすることを通じて育むものである。そこで、資質・能力の三つの柱を幼児教育の特質を踏まえ、具体化すると、以下のⓐ～ⓤに整理される。ⓐ「知識・技能の基礎」（遊びや生活の中で、豊かな体験を通じて、何を感じたり、何に気付いたり、何が分かったり、何ができるようになるのか）、ⓘ「思考力・

判断力・表現力等の基礎」(遊びや生活の中で、気付いたこと、できるようになったことなども使いながら、どう考えたり、試したり、工夫したり、表現したりするか)、㋒「学びに向かう力・人間性等」(心情、意欲、態度が育つ中で、いかによりよい生活を営むか)」である。幼児教育や保育の意義、そして、小学校以降の諸学校への接続を考慮しつつ、保育に当たっていることなどを、折に触れ保護者に発信していきたい。

③保護者と連携する……園運営の基本的事項で欠かせないのは、家庭との連携や子育て支援についてである。幼児を育てるということは、園と家庭、それぞれに役割を果たすことが第一の連携、共に子育てに当たっているという意識をもつことが第二の連携である。園と保護者の保育や子育ての心がけは「共に・ご一緒に」なのである。しかし、その前に子育ての原点は家庭であることをしっかり踏まえたい。「教育の原点は家庭であることを自覚する……教育という川の流れの、最初の水源の清冽な一滴となり得るのは、家庭教育である。子どものしつけは親の責任と楽しみであり、小学校入学までの幼児期に、必要な生活の基礎訓練を終えて社会に出すのが家庭の任務である。(中略)親が人生最初の教師であることを自覚すべきである」(平成一二年一二月二二日教育改革国民会議)。また、子育て関連三法(平成二四年八月成立)においては、「保護者が子育てについての第一義的責任を有するという基本的認識の下に、幼児期の学校教育・保育、地域の子ども・子育て支援を総合的に推進」とある。時には保護者に発信し自覚を促し、利便性の追求ばかりではなく、子育てのやりがいについても啓発にあたりたい。

④保育の在り方の共通理解を図る……それぞれの園で特色ある活動はあるが、保育の原点は「遊び」を通して必要なスキルを身に付けていくということである。幼児期の遊びは、人やもの、自然や生き物とのかかわり方、体の諸感覚を用いて体の成長、情緒の安定、主体性や自尊感情を培うものである。すなわち、幼稚園等では、教科書のような主たる教材を用いず、環境を通して行う教育が基本である。また、家庭との関係において緊密度が他校種と比べて高いことが挙げられる。さらに、保育の充実には地域との連携が重要である。これらは折に触れ述べたい事柄である。

⑤設置者の方針に沿う……園を取り巻く社会状況は日々変化している。保育を充実するために園長として地域資源の確認や発見、連携が大切である。教育機関、公共施設、自然や伝統文化、産業、地域人材などである。もとより欠かせないのは保育の動向やニーズの把握、設置者の方針に根差し、自らの保育信条を反映したあいさつが肝要である。

保護者会園長あいさつのポイント

①園長が自己紹介をする時……自分ならではの表現に心がけることである。人柄がにじみ出ると、保護者は親近感、親しみを抱き信頼につながる。前頁の「留意点」を踏まえた見識を携え、幼児の成長に対する現在と将来に向けた中長期的な方針をしっかり伝える。その時大切なことは、保護者と連携してすべては園児のために努力するという意気込みを示したい。着任当初は、園や地域とのかかわりもどんなことでもあれば触れるとよい。忘れてはならないのは、参加してくれたことへの謝意、園児や保護者との出会いや縁について感謝を述べることである。

②運営（経営）の方針を述べる時……前年度の反省を踏まえた内容、これからの保育や幼児教育の在り方に根差した取り組みなど、今年度の方針を説明し理解を求めることが大切である。新園長の場合などは、これまでと方針に著しい変更がないか保護者は不安である。具体的に示すことで理解と協力を求めたい。たとえば「あ・か・る・い」など覚えやすいフレーズを用いて、「あ」は「あいさつ」、「か」は「かかわり」……などのように示すと伝わりやすい。大切なのは、そのフレーズを園長として繰り返し、方針の浸透につなげるとよい。園の特色ある保育や行事については、いかにその活動が幼児の育ちに意義があるのかに触れておくことで、後で協力を得やすくなる。

③今ここに生きている喜びを共有する誕生会の時……誕生会というのは、子どもを授かり元気にここまで育つことができたという確認と祝いの日を園と保護者で共有する日である。日々の慌ただしさの中、つい、わが子が今ここに生を受けていることのありがたさを忘れてしまうことがある。「這えば立て立てば歩めの親心」、わが子への期待が年ごとに増す。子どもの個性を考えず、他の子と比較し悩んだり過大な負担をしたりすることのないように支援したい。

④教職員の紹介をする時……実際に園の方針に基づき保育にあたる教職員の紹介が重要である。その際、これまでの活躍や教員のよさなどひとこと触れるとなお信頼につながる。大切なわが子を預ける相手である。たとえば、明るさ、元気さ、子どもが好きなど本人の姿勢や取り組みのよさが要領よく伝わるよう留意する。当然、園長は年度当初、園の経営方針は教職員に周知し共有を図っておく。

⑤保育の根幹になる幼児の安全と健康管理に触れる時……とくに乳幼児を預かる園は、健康推進や安全管理は保護者の関心事である。それらに対して、園はどのような手立てを講じて対応しているか、不安を払拭する説明があると安心である。たとえば、園児の年齢が上がるにつれクラスの人数が増えることに対してどう対応するか。乳児については、保育士が責任と愛情を込めて接する旨に触れる。定期的に実施している避難訓練についても内容を年度当初から示し協力を求める。たとえば、降園時などさまざまなケースを想定して実施することなどを説明し、理解と協力を求めたい。

⑥研修や研究に触れる時……研鑽に励んでいる教職員の姿は、保護者が園を信頼し誇りに思うきっかけとなる。取り組み状況を説明することは園のすばらしさのPRにもつながる。指定研修等で教職員が不在になる際も保護者の理解を得やすくなるであろう。わが子に安心でよりよい保育を受けさせたいというのは、すべての保護者の願いである。教員研修が園の保育や教職員の能力を高め、その結果として保育の充実につながるという理解を促したい。

⑦会を締めくくる時……保護者会や園行事への参加、協力依頼。家庭教育の大切さや困りごとは、けっして一人で抱えずどんなことでも、園に相談して欲しいことなどを押さえる。保護者の理解と協力なくして、安全・安心で良質な保育はなし得ない。例えば、緊急時の連絡先の変更は直ちに園に知らせること、集団生活ゆえに園の決まり事は理解し守ることが一人ひとりのよりよい保育につながる。その他、アレルギーや持病、かかりつけ医、その他心配事などをしっかり園と共有することはしっかり伝えたい。未来を生きる園児一人ひとりのよりよい成長と幸せを願い、園と家庭が一つになり一緒に園児を育てましょうなど、共に保育に当たるというメッセージであいさつを締めくくりたい。

〈幼稚園・保育園〉保護者会の運営の工夫

帝京大学准教授
前東京都千代田区立麹町小学校長・麹町幼稚園長
山田　茂利

保護者会の運営

保護者会は、保護者に園の教育方針や子どもの成長等を伝え、さまざまな教育（保育）活動に対しての理解を求め、保護者との連携・協力のもと、子どもたちが未来社会を切り拓くための資質・能力を育成するという目的を共有するために行われる。また、保護者同士の連携を促し、共に子どもを育てるという意識を醸成することも重要な目的の一つである。そのために、園は、意図的・計画的な運営を行う必要があり、その運営上の視点として、「開催日時」「規模」「内容」、その他の留意点として、「開催運営の工夫」「環境・施設」「ＰＴＡ」「保護者からの要望」等が挙げられる。なお、弟や妹がいる園児の保護者が安心して参加できる体制をつくることにも留意しなければならない。

次に、運営における各視点の例を記載する。

日時	規模	内容	留意点
四月 登園後	全体会	○教育方針……目標、目指す幼児像、指導の重点等 ○評価……園評価、保護者アンケート等 ○経営・組織……教職員の転出入、分掌等 ○園生活・健康・安全……保育資料、体調管理、アレルギー、災害安全、連絡方法（緊急時を含む）等	○年間計画を説明する。 ○関係諸機関を紹介する。 ○学級懇談会の目的・概要を伝える。 ○ＰＴＡ活動における園との連携、行事の協力、研修等について伝える。

保護者会の運営の工夫

七月 登園後（四・五歳） 降園前（三歳）	学年別	○一学期のまとめ……各行事について ○講話　＊次ページの補足参照 ○夏休みの過ごし方（健康・安全、自立、協同・家族、きまり・社会生活等）	○園（学級）公開を併せて実施する。 ○園のPR画像・教育（保育）活動ビデオを活用して説明する。 ○子どもの様子が分かる掲示、季節の掲示、作品の掲示等で環境を整える。
九月 登園後	全体会	○二学期の教育方針、行事 ○講話　＊次ページの補足参照	○二学期の行事を説明する。 ○PTA活動における園との連携や行事の協力について感謝を伝え、引き続きの理解と協力を求める。 ○夏休みの作品や思い出を掲示する。
一二月 登園後（四・五歳） 降園前（三歳）	学年別	○二学期のまとめ……各行事について ○講話　＊次ページの補足参照 ○冬休みの過ごし方 ○保護者アンケートの依頼	○各行事に係る保護者からの感想等を紹介し、園の対応について説明する。 ○子どもの様子が分かる掲示、季節の掲示、作品の掲示等で環境を整える。
一月 登園後	全体会	○三学期の教育方針、行事 ○保護者アンケート結果の報告 ○講話　＊次ページの補足参照	○一二月の保護者アンケートの結果を公表・説明し、今後の方針について伝える。
三月 登園後	全体会	○一年間のまとめ……成果と課題、改善 ○修了、進級 ○次年度の予定	○一年間を振り返り、保護者の協力への感謝、次年度に向けての理解と協力を求め、よりよい園づくりへの連携を図る。

＊補足「講話のテーマ例」
成長・発達（心・体・くせ）、食（弁当・好き嫌い）、健康・安全（交通・災害・生活・アレルギー）、遊び、自立心（やる気・意欲・自信）、友達（協同・けんか・トラブル）、道徳性・規範意識（きまり・うそ・しつけ）、社会生活（家族・お手伝い）、思考力（好奇心・探究心）、自然との関わり・生命尊重、数量や図形・標識や文字などへの関心・感覚（読み聞かせ）、言葉による伝え合い、ほめ方・叱り方、テレビ・ゲーム・漫画、おけいこ等

保護者会の工夫

一　開催の工夫

(1)　事前の工夫

○案内は、会の主な内容と季節や行事等に合わせたタイムリーな話題や講話のテーマを知らせるとともに、保護者の意向を集めることもできる形式（文書）にする。また、リード文などで園児の様子を紹介する。

(2)　当日の工夫

○家庭でも取り組んでほしい（協力してほしい）ことは、保護者に分かりやすい文書による資料や、そのことに関する具体的で臨場感のあるビジュアルな形で示すようにする。

（例）①子どもの作品、②そのことに至る指導の経過　③写真やビデオ　④子どもたちの声等

○保護者が発言できる場を作るなど、保護者と共に考える会にする。

＊保護者は、園で起きた出来事について正確な情報（事実の提供）を求めることが多く、その際、個人情報に関することは十分に注意して、園と保護者と双方で考えながら教育活動を進められるように方向付けることが大切である。なお、話し合いの方法としては、グループでの協議・発表形式にすることも考えられる。

(3)　事後の工夫

○欠席した保護者への資料の送付や話題になったことを知らせる。園だよりなどを活用して、改めて全家庭へ知らせることもよい。

二　お土産（有益な情報等）を持たせる工夫

保護者会では保護者に有形無形の情報を提供することが、参加して良かったと思う有意義な保護者会の要素となる。次に、有益と考えられる情報例を記載する。

(1)　子どもの活動を具体的に伝える
○子どもの遊んでいる様子・製作活動・行事・当番活動に取り組んでいるビデオ・写真（スライド）、子どもの作品、子どもの夢や希望などの声（録音）、子どもに関する調査結果や子どもの実態、健康に関するデータ等

(2)　教育（保育）上参考となる資料
○研修・研究や視察報告、教育（保育）上の課題、家庭教育・子育ての参考になる事例や講演・関係図書の紹介・資料提供、教育（保育）活動のねらい・参観時の視点（子どもの良さを見取るヒント）等

(3)　保護者の連携を深める工夫（手立て）
※子どもの良いところを認め合い、自分の子ども、他人の子どもではなく、子どもたちを一緒に育てるという風土を作る。
○参考になる経験談の交換（子育ての悩み・失敗談や成功談、しつけやルールなどの体験談）、事例に関する保護者の意見や感想、教育上の話題（テレビ・ラジオ・新聞・雑誌等からの情報）、遊び場情報、安全上の情報等

三　チームとしての教職員の連携を深める工夫

※情報を共有する中で、教職員への指導・助言・支援を行う。
○全体会の話題の収集……各学年・学級で今取り組んでいる教育・保育のポイント、子どもの成長等

〈幼稚園・保育園〉保護者会で心がけること

帝京大学准教授
前東京都千代田区立麹町小学校長・麹町幼稚園長　山田　茂利

保護者会の意味

教育活動を進めるうえで大切なことは、未来への希望である子どもたちの教育にたずさわる幼稚園・保育園、学校、家庭、地域等が共通の認識に立ち、子どもの指導・助言・支援に当たるということである。そのためには、園が保護者や地域と真の連携・協力関係を築いていくことが必要であり、園は関係するさまざまな会合や行事などの機会をとらえ、意思の疎通を図り、信頼関係を築いていくことが大切である。

そして、園長はそのような機会に行う挨拶等において、会の性格や内容を理解し、その場にふさわしい話をすることが肝要である。無論、話等は会や行事によっても異なるが、連携を図り信頼関係を築いていくためには、園の考え（教育〈保育〉方針等）を示し、教育（保育）活動を通して理解いただくとともに、保護者や地域の方々の考えを聞き取り受け止めることから始めることである。その最も重要な機会と方法が保護者会である。保護者会の開催に当たっては、究極のところ保護者が参加して良かったと思われる有意義な保護者会にしなければならない。

なお、子どもの健やかな成長を願い、子育てで悩むことは誰しもが通る道であるが、近年子どもと家庭に関する相談がさまざまな機関で増えていることは各調査・報告からも明らかである。また、インターネット等からの情報は溢れるほどあるが、相談者が身近にいないという現状もあり、このような状況にも留意し、〝親育て〟、あるいは〝相談〟の視点からも保護者会のあり方を考えなければならない。

心がけ

保護者は、会に参加するときはいつでも、期待と緊張感を持って出席するものである。また、仕事の都合をつけて出席する保護者がほとんどである。そのようなことを念頭に置いて、期待に応えられるよう保護者会の内容や構想を練り、周到に準備して臨むことが必要である。次に保護者会で心がけるべきことを述べる。

○日常の教育活動の協力について、事実を取り上げて話す。

・子どもの成長について話し、感謝の気持ちを伝える。　・保護者が園に協力していることに対して、希望や喜びを感じられるように話す。

○時期にあった活動内容を押さえて話す。簡潔に話す。

・子どもの成長について具体的に話す。　・堅苦しい教訓的な話（訓戒）、紋切型の話し方にならないようにする。

・難しい言葉や名文句を使う場合も、易しく、分かり易く（簡単に）話す。

○物語風に、語りかけるように話す。

・話の内容が情景として見えるように話す。　・注意型、指示型にならないように話す。

○ストーリーを持って話す。

・話の始めは、主題や切り出し方を工夫し期待感を持たせる。　・中心となる主題に関する内容は、子どもや保護者の様子に結び付けて話す。　・結びは、主題について具体的な手がかりを示唆する。

○保護者の連携を促すように話す。

・保護者と共に考える会にする。　・子どもの良いところを認め合い、一緒に育てる意識を持たせる。

○終わった後の会話（雑談）を大切にする。

・本音や思いを聞き取る。　・いつでも相談できる雰囲気を作り、その姿勢を見せる。

1 年間の保護者会
園長あいさつ実例と解説

1年間の保護者会については，学校と家庭が共同で子育てを進めるうえで，きわめて大事な行事となっていますが，学年始め，夏休み前，夏休み後，冬休み前，冬休み後，学年末の各時期に応じて，その内容は微妙に変わったものとなっていきます。各時期ごとの保護者会園長あいさつについて，保護者会運営の工夫を具体的に示すとともに，あいさつ実例を掲げ，あいさつの留意点について解説していきます。

保護者会園長あいさつ実例と解説①

東京福祉大学教授
元東京都千代田区立九段小学校長・九段幼稚園長
鈴村　邦夫

あいさつの概要・保護者会の流れ

①入園、進級のお祝いを述べる→②園長の自己紹介と保育信条、前年度の園の大きな出来事について報告と謝意を述べる→③教職員の異動紹介と日ごろの職員の活躍に触れる→④保護者会の意義と目的について述べる→⑤子どもを取り巻く社会情勢と幼児期の重要性について述べる→⑥本年度の保育方針をキーワードで分かり易く伝える→⑦本年度の保育の取り組みの特色を紹介する→⑧教職員が力をつけ、保育に資するための園内研究について触れる→⑨保護者ボランティアの協力依頼をする→⑩よい園にするために教職員と保護者が心を一つにする旨、抱負を述べ締めくくる

あいさつ実例

①　皆さんこんにちは。本年度からお子さんが入園された保護者の皆様、ようこそ○○園へ。また、ご進級されたお子さんの保護者の皆様、ご進級おめでとうございます。

②　私は園長の○○と申します。どうぞよろしくお願いいたします。昨年度は、園舎の

あいさつの留意点

●冒頭のあいさつの意味

年度初めは、進級や入

改修に伴い、ご不便を多々おかけしましたが、お蔭様で園舎もこんなに立派に、そして使いやすくなりました。ご協力に感謝いたします。施設・設備の充実を保育の質の向上につなげていく所存です。私の保育の信条は、「すべてはこどものため」です。皆様と園とで一つになって保育に努めてまいります。よろしくお願いいたします。

③　まず初めに、本年度の教職員と異動についてご紹介いたします（教職員は自己紹介。園長は自己紹介をした一人ひとりのよさを申し添える）。「○○先生は、昨年度着任したばかりですが、ずっと以前から勤務しているような働きをしています」

④　今日は新年度初めての保護者会です。普段は意識されないかも知れませんが、貴重な時間を、お集まりの皆さんが園や他の皆さんと共有することは尊いことです。保護者会に参加してよかった、我が子の成長を改めて実感できたなど、子育ての喜びを心から味わう機会といたしましょう。

⑤　さて、園の方針をお伝えする前に、今日、子どもを取り巻く社会の状況について申し上げます。「人生に必要な知恵はすべて幼稚園の砂場で学んだ」とも言われます。AIやグローバル化の進展、急激な社会の変化のなかで、たくましく生き抜くための資質や能力の育成の基礎は、（乳）幼児期に築かれると言っても過言ではありません。

⑥　本年度は、そのような未来を見据え次の方針で保育にあたります。「心のふるさと○○園」の実現のため元気にあいさつができ笑顔あふれる園を、皆様が○○園に入園してよかったと思える園を目指します。子どもたちに、たくましさや自信、主体性や思いやりの心が育つよう「かしこい○○」の教育を推進します。「か」はかかわり、「し」

園、教職員の移動と園児と保護者を取り巻く環境が大きく変わる。

初めが肝心。初めての保護者会のよいスタートがこの一年を左右する。

●園長の話の留意点

保護者が初めて園長の話や人柄に触れる機会である。親しみや安心につながる表情や話の内容にする。豊かな人間性の育成には幼児期の充実が不可欠であることに触れる。教育全般の話と園経営の方針を結び付けて話す。

●園の特色の説明

新入だけでなく転入の

は自分から、「こ」は言葉、「い」はいつも元気、これらを大切に保育を行います。

⑦　具体的には、思いやりの心を育む異年齢交流を教育の大きな柱にします。園内の交流「ハッピートリオ」として三、四、五歳児の縦割り班を構成して活動の場を設け、自己有用感を育みます。保育の基本である遊びや四季折々の行事を通して、その後の人生に必要な知恵、社会性、道徳性、運動能力を身につけます。五歳児は、小学校入学も考慮し、隣接する小学校との交流もさらに進めてまいります。

⑧　次に、保育の充実に資するための園内研究についてです。今年度は、「園大好き、友達大好き、自分大好き」をテーマに自己肯定感、自尊感情の育成に取り組んでまいります。保護者会の折等に、園の取り組みや園児の成長を随時ご報告いたします。

⑨　保護者の皆様に二つお願いがあります。登降園時にお子さんと手をつないでいますか。それは子どもの安全を守るだけではありません。手のぬくもりを感じること、横に並んで同じ景色を見て話をすること、子どもにとって楽しい時間になるはずです。

もう一つは、ファミリーボランティアご協力のお願いです。たとえば、○月の日曜日に行っている「わくわくサンデー」。子どもたちとのサンドウィッチ作り、木工作やゲームなど、保護者の皆様に今年もご協力をお願いする予定です。この他にもボランティアを募ってまいります。子育てを楽しむつもりでご参加くださると幸いです。

⑩　結びに、私は今年も「元気いっぱい、夢いっぱい」の○○園、入園してよかった、通わせてよかった、修了してよかった「心のふるさと」を目指して努力いたします。園と保護者の皆様とで、心を一つに「チーム○○」、すばらしい園にいたしましょう。

保護者もいる。園の特色を具体的な例を示し説明して期待をもってもらう。ビデオやプレゼンテーション等視聴覚に訴えるものがあると興味をひく。

●園内研究への理解

保護者の理解が必要である。研究が保育の質を高めることや研究内容をあらかじめ伝える。指定研修の出張にも理解を得ることにつながる。

●保護者への協力依頼

園行事は、保護者の協力が不可欠。保護者との一体感が大切。

§1 年度当初の保護者会園長あいさつと運営上の工夫

保護者会園長あいさつ実例と解説②

東京都台東区立清島幼稚園長　和田万希子

あいさつの概要・保護者会の流れ

①本日参加していただいたことへの感謝を述べる→②入園・進級のお祝いを述べ、園の学級構成について知らせる→③本日お話しすることについて伝える→④園の教育目標について分かりやすく伝える→⑤今年度の園の教育の重点について分かりやすく説明する→⑥保護者の方へ教育へのご理解・ご協力をお願いし、子どもたちの成長のために教職員一同努力することを述べて締めくくる

あいさつ実例

①保護者の皆様、本日はお忙しい中、保護者会にお集まりいただきまして、ありがとうございます。本園園長の○○でございます。

②お子様のご入園・ご進級、誠におめでとうございます。今年度、○○幼稚園は三歳児二二名、四歳児二三名、五歳児二八名、合計七三名でスタートしました。始業式、入園式からおよそ一週間がたち、子どもたちは少しずつ新しい環境に慣れてきているようです。三歳児ひよこ組の子どもたちは、まだ保護者の方と離れることに不安そうな姿も見られますが、一人ひとりに応じて配慮していきますので、どうぞご安心ください。

③本日の保護者会では、○○幼稚園の教育について、お話ししたいと思います。

④まず、本園の教育目標は、配布いたしましたプリントにありますように、「友達となかよく遊ぶ子ども」「健康でたくましい子ども」「よく見て考える子ども」です。

⑤このような子どもを育てるために、今年度はとくに次の三点について教育の重点として行っていきたいと思います。

一つ目は、基礎・基本を育てるということです。幼児期の基礎・基本となることは、大きく分けて体づくりと生活習慣の確立と考えておりますが、そのうちの体づくりを重点としていきます。主に食育活動と、体力向上の取り組みです。本園では、野菜の栽培をしてそれを調理して食べるという活動を計画的に行っています。他にも、行事食を取り入れ、食べることに興味をもてるようにしていきます。また、近隣の施設を

あいさつの留意点

●忙しい中集まっていただいたことへの感謝を丁寧に述べる。

●今年度の園児数、教員数など園の概要を話しながら、現在の園児の姿についても伝え、安心感をもってもらえるようにする。

●園の教育について話をする際には、内容を分かりやすくまとめたプリントなどを用意する。

●保護者が園の教育について興味をもち理解を深めてくれるよう、具体的な例を出しながら

活用した遠足や体を動かす遊びを取り入れ、体を動かすことを楽しいと感じられるようにしていきます。

二つ目は、併設の小学校との連携です。本園は○○小学校とのしっかりとした連携・交流活動があります。今年度も、合同の行事やさまざまな活動での幼児・児童の交流はもちろん、教員同士も日頃より連携を深め、幼稚園から小学校への滑らかな接続を図っていきたいと考えています。

三つ目は、地域、保護者とのつながりを大切にした教育活動です。地域や保護者の力を幼稚園の活動に積極的に取り入れ、子どもたちの豊かな経験の機会としていきたいと考えています。具体的には、幼稚園に地域の方をお招きして、昔遊びを教えていただいたり太鼓の会を開いたりしています。また、地域の行事に、園児が参加することもあります。保護者のお力をお借りして地域に花を植えたり、親子で凧づくりをしたりといった活動も計画しています。他にも、保護者の皆様も一緒に楽しさを共感していただけるような機会を設けていきたいと思っています。

⑥

子どもたち一人ひとりが初めての集団生活である幼稚園で個性を発揮し、よさを伸ばしていくためには、保護者の皆様と私たち教員との連携が欠かせません。何かご心配なことがあった時には、どんなことでも、いつでもお知らせください。保護者の皆様の思いを受け止めながら、子どもたちの成長のために一所懸命務めさせていただきますので、どうぞご理解、ご協力をよろしくお願いいたします。

話す。

●初めて園に子どもを預ける保護者もいることを想定し、園長や教員が親しみやすく、何でも相談できる存在と感じてもらえるように話し方を工夫する。

§2　夏休み前保護者会園長あいさつと運営上の工夫

保護者会園長あいさつ実例と解説①（よきモデルを示す）

前東京都千代田区立お茶の水小学校長・お茶の水幼稚園長　浅川　宏

あいさつの概要・保護者会の流れ

①日常の教育活動への協力に感謝→②子どもたちの成長の姿を共有→③親子の挨拶の現状→④規範意識やルールと大人の実践→⑤子どものお手本とやりがい→⑥大人の背中を見て育つ子ども→⑦夏休み前のまとめと夏休みの目当て→⑧学んだことを生かす機会→⑨地域での体験と身の回りのよさに気付く→⑩目指す子ども像を自ら示す実践

あいさつ実例

①　先日の園公開日のご参観をはじめ、この四カ月間、保護者の皆様の多くのご協力に心より感謝申し上げます。ありがとうございます。

②　学期末を迎えた子どもたちは、このところ強い風が吹く度に、親子ガーデニングで植え付けをした園舎前のプランターを見つめ「お花、大丈夫かな」と気遣う姿を見せてくれます。身の回りのわずかな変化にも気付く、その姿に成長を感じます。動植物など身近な自然とのふれ合いや、仲間とかかわることで、たくましく、活動的になった子どもたちの姿は、これから迎える夏休みの生活に大きな期待を与えてくれます。

③　先日の園の運営協議会では、自然とかかわる園庭の整備に大きな期待とともに「大人のかかわり方」が話題になりました。昨今の安全・安心への取り組みを始め、地域社会の担い手として、地域とのかかわりがいっそう求められる園現場です。そのような中、最近、子どもたちは進んで挨拶をするが、一緒にいる大人が挨拶できないというご意見をいただきました。改めて子どものよきモデルとしての親や大人のあり方を顧みることが必要です。

④　挨拶に限らず、帰宅後や休日など、ご家庭での生活におきまして、大人が、よきモデルを示すことで交通ルールや公衆道徳など、きまりとともに規範意識や社会性を学ぶことが大切です。先に命を受けた者としての責務は、いずれあのような大人になりたいと子どものあこがれとして、よき生き様を示すことです。

⑤　かつて「委員になってから、今まで以上に信号や道路の横断に気を遣っています」と話された役員の方がいらっしゃいました。子育ては息苦しくて「大変である」と考

あいさつの留意点

- 教育活動への理解と協力に感謝
- 一学期に取り組んだ活動の成果と環境の変化に気付く姿から成長の喜びを共有する。
- 地域で育ち地域に貢献できる人材育成の観点で園外の情報を伝える。
- 子育てを担う大人のあるべき姿を示す。
- 子どもが目指す大人像を身をもって示す大切

えるか、あるいは、よきお手本を示せる「やりがい」と捉えるかは、各人によりますが、いずれにしましても人生の先輩として子どもたちにかかわり、よりよい社会の形成者の育成を担う存在であることに大差ありません。それだけに、一人では生きられない人間にとって、子どもたちが身近な大人とかかわることで、よりよく生きる術を学ぶ機会は不可欠です。子どもは大人の背中を見て育つことを痛感いたします。

⑥

一学期の終業式においては、四月からの目当てであった「挨拶を進んで行うこと」と「お手本を示す」という年長、年中さんのがんばりと年少さんの「お返事」や「お話をしっかり聞く」ことが定着したことを振り返ります。また、この夏休みは、「言われる前に、自分から進んで行う」という視点で「挨拶・お手伝い・自分の命は自分で守ること」の三つのことを全園児の目当てとして伝えたいと思います。

⑦

子どもたちにとって長い夏休みは、これまでたくさんの仲間とかかわることで学び、身に付けた、多くの力やさまざまな生活習慣を、それぞれのご家庭で実践して強化し、定着させていく絶好の機会です。このことが、どの子にとっても、「頑張ればできる」「さらに次のことに挑戦したい」という自信や意欲につながると言えます。

⑧

夏休みは、時間的な制約が少なく、さまざまな体験が可能な機会です。ご家庭におかれましては、身近な自然や地域でのかかわりを通して身の回りのよさに気付く楽しさを、ご家族の皆様で共有できますことを願っています。それと同時に、このように育って欲しいという姿を、身をもって示すことで、子どもたちの生きる力を支え、一回りたくましくなって九月を迎えられますことを楽しみにしております。

⑨

⑩

さに気付かせたい。

●生きがいややりがいとしてのモデルを示して子どもを育てたいこと。

●一学期終業式(夏休み)を前に四カ月間の成長の姿と夏休みの目当てを共有したい。

●夏休みに取り組ませたい体験と育ってほしい姿を身をもって示す大切さを強調する。

§2 夏休み前保護者会園長あいさつと運営上の工夫

保護者会園長あいさつ実例と解説②

東京都台東区立清島幼稚園長
和田万希子

あいさつの概要・保護者会の流れ

①本日参加していただいたことへの感謝を述べる→②三カ月間で子どもたちが成長していることを伝える→③一学期間の三歳児の幼稚園での様子を具体的に知らせる→④一学期間の四・五歳児の幼稚園での様子を具体的に知らせる→⑤夏休みの生活について、さまざまな経験ができる時であること、安全に留意して生活してほしいことを伝え締めくくる

あいさつ実例

① 保護者の皆様、本日はお忙しい中、一学期末の保護者会にお集まりいただきまして、ありがとうございます。

② ついこの間始業式、入園式があったばかりかと思っていたのに、あっという間にもう一学期が終わろうとしています。このおよそ三カ月間で、子どもたちはすっかり新しい環境になれ、友だちや先生と毎日元気いっぱい遊んでいます。今日はそんな子どもたちの一学期の様子を写真でお知らせしたいと思います。

あいさつの留意点

●忙しい中集まっていただいたことへの感謝を丁寧に述べる。

●一学期間の子どもの様子を写真に撮り、見せながら具体的に話す。

③

まずは三歳児の様子です。

これは入園間もないころです。まだ園服を脱ぐのを嫌がって、着たままで遊んでいるお子さんもいますね。保育室にあるプラレールや人形など、思い思いのもので遊んでいます。次は、おままごとをしているところです。ここには、エプロンを付けた子が三人いますが、全員お母さんなのだそうです。同じ場所で遊んでいても、一人ひとり自分がやりたいことをしているのですね。次の写真は、砂場で遊んでいるところです。裸足になるのが嫌だという子もいましたが、周りのお友だちの様子を見ているうちにいつの間にか裸足が大好きになってしまいました。次は、お弁当の様子とお帰りの前に皆で手遊びをしている様子です。先生のお話をよく聞いて、チューリップぐみさんとして活動できるようになってきていますね。入園からたった三カ月ですが、このように学級のなかで、自分の好きな遊びや場所を見付けてくれているのがとてもうれしいです。

④

次は四、五歳児ですが、進級して初めて行っている活動を中心にお見せします。まずは、四歳児の○○公園へのお散歩の様子です。お友だちと手をつないで歩いて行きました。広い公園でたくさん走って、遊具でも遊んできました。このようなお散歩が二学期にはたくさんあります。歩く経験をたくさんしていきたいと思います。次は、プール遊びの様子です。三歳の時はビニールプールでの水遊びでしたが、今年からは大きなプールに入っています。体を伸ばしてゆったりと水に浸かって気持ちよさそうですね。次は五歳児の小学生との交流の写真です。五年生のお兄さん、お姉さんに甘

●入園したばかりの三歳児については、園に慣れていく過程が分かるものを選び、保護者が園の教育に対して安心感がもてるようにする。保護者と離れられず泣いていた子どもの様子を見せるのも効果的である。

●四、五歳児については子どもたちの様子を見せながら、保護者の園の教育活動への理解が深まるような内容を選ぶ。

●保護者の協力を得た活動についても紹介し、

えたり、憧れの気持ちをもったり、さまざまな体験をしています。二学期からは四歳児も交流に参加します。楽しみにしていてくださいね。次は、五歳児が玉ねぎを収穫して味噌汁を作った時の様子です。自分たちで皮をむき、涙を流している子もいました。でき上がった味噌汁は、三歳、四歳も一緒に食べました。見てください、おいしそうに食べていますね。食べると言えば、これはつい先日みんなでカレーパーティをした時の各クラスの様子です。お代わりをする子が大勢いて、大きな鍋が空っぽになってしまいました。ボランティアでお手伝いいただいた保護者の皆様、ありがとうございました。

⑤

あっという間にもう夏休みが目の前となりました。夏休みというのは、自然や動植物と触れ合ったり、普段は会えない親戚の方に会ったり、さまざまな体験がたくさんできる時です。この後、警察の方による事故防止のお話もありますが、安全には十分に留意されて、ご家族で楽しい夏休みをお過ごしください。二学期にまたひと回り大きくなった子どもたちと会うのを楽しみにしております。

他の保護者がやってみようと思えるように話す。

●ホームページ等、他の場所に掲載する写真と比べて同じ幼児ばかりが映ることのないよう配慮する。

●夏休みに向けて警察、消防など関係機関と連携をとる。

§3　夏休み後保護者会園長あいさつと運営上の工夫

保護者会園長あいさつ実例と解説①（経験を力に）

前東京都千代田区立お茶の水小学校長・お茶の水幼稚園長　淺川　宏

あいさつの概要・保護者会の流れ

①夏休みを終えて園に通う子どもたちの姿↓②休み中の保護者のご尽力やご配慮に感謝↓③始業式の情報と地域の声↓④休み中に身に付けた力の発揮↓⑤意欲をもってかかわる二学期の行事↓⑥経験が力を育む（社会人一年生を例に）↓⑦思い通りにいかない経験を大切に↓⑧思いやりの感性を培う協力↓⑨ねらいをもって取り組む経験↓⑩共育の視点と経験を力にする環境づくり

あいさつ実例

①　暑い日が続きますが、一学期に比べ、一回りたくましくなった子どもたちの笑顔が溢れるなか、昨日、始業式を行い第二学期をスタートいたしました。四〇日間に渡り、大きな事故やけが、病気等もなく、そろって新学期を迎えることができました。これも夏休みの間、保護者の皆様のモデルとしてのご指導の賜と感謝いたします。ありがとうございました。また、挨拶やお手伝いへの働きかけもご配慮いただき、子どもたちが自信をもって二学期を迎えることができましたことに感謝申し上げます。

③　始業式では、子どもたち一人ひとりが事故に気をつけたこと、けがや病気の防止など健康への取り組み、地域のラジオ体操やお祭りなどに参加したことに加え、街で出会う子どもたちの挨拶がとてもよいという地域の方からの嬉しい声を伝えました。併せまして、二学期は、一学期から取り組んでいるあいさつやお返事を始め、お話の聞き方を頑張ること、とくに、「自分から進んで取り組むこと」が大切であることを話しました。そして、この夏休みで身に付けた、たくさんの力を、お家でも幼稚園でも生かしていけることを、担任はじめ全教職員が楽しみにしていることを伝えました。

⑤　さて、二学期は、運動会を始め、お芋掘りや遠足、学芸会など数多くの行事を計画しております。日々の活動とともに、さまざまな行事を自ら経験する過程を大切にすることで、子どもたちの心と体の成長を充実していきたいと思います。

⑥　最近の社会人一年生の離職率が高く、社会人として育成することが難しいと言われます。その要因の一つとして、社会の変化に伴って思い通りにならない経験が少ない

あいさつの留意点

●休み中の成長の喜びを共有する。

●家庭での生活においてさまざまな工夫や働きかけが地域からの賞賛の声としてあることを、ともに喜びたい。

●生活習慣の定着は、継続して取り組むことが重要であることを意識したい。

●行事のねらいを含め活動の過程に大きな意味があることを示す。

●経験不足、とくに失敗体験が少ないことが社

こともあります。たとえば「苦手の人とうまく付き合えない」ことや「間違いや失敗は避けたい」「自分から周りに協力を仰げない」ことを始め「困難に立ち向かう」などを若者自身が苦手としていると言われます。多くの庇護のもと、失敗や挫折、我慢や辛く悲しい思いの経験も少なく社会への適応力が強化されていないことも事実です。

⑦　それだけに社会に出る前に、失敗も含めてさまざまな経験をすることが必要です。それとともに、思い通りにいかない体験も多く味わうことが大切です。その意味でも、動植物とのかかわりをはじめ、雨で中止になった行事など、自然の力は人間にはどうすることもできない体験を通して学ぶ謙虚さや、困難を乗り越える力を育みたいと考

⑧ えます。それと同時に、行事などさまざまな活動で仲間と力を合わせることで、相手を受け入れ、自分も受け入れてもらえる体験も欠かせません。さまざまなかかわりを通して自分以外の存在の大切さに気付き、相手を思いやる感性を培っていきたいです。

⑨　とくに仲間とのかかわりは、発達段階によって、その度合は異なりますが、遊びの広がりや意欲に関連し、生活の楽しさや充実感につながっていきます。その意味でも、ねらいをもって取り組む経験によって得られる学びや、成長の機会を大切にしたいと思います。これまでさまざまな経験によって学んだことを力にして、自分から進んで取り組む気持ちを生かせる二学期を目指して参ります。

⑩　成長にともない子どもたちの活動範囲が広がることで、不安や人間関係で悩まれることもあるかと思います。そこで、共育の視点に立って、ご家庭と園が情報を共有し、知恵を出し合い協力して、経験を力にできる環境づくりを進めていきたいと思います。

会生活において課題となっていることを示す。

●就学前に、人間の能力を超えた自然の力に触れることで思いどおりいかないことや学ぶ謙虚さを重視したい。

●さまざまなかかわりから学ぶ、温かな心に視点を当てていきたい。

●共育の観点から、よい情報も芳しくない情報も共有することで、子どもにとってよい環境づくりを目指したいことを示す。

§3　夏休み後保護者会園長あいさつと運営上の工夫

保護者会園長あいさつ実例と解説②

東京都中央区立泰明小学校長・泰明幼稚園長　和田　利次

あいさつの概要・保護者会の流れ

①園児たちと久しぶりに会えたことの喜びを伝えるとともに、保護者の方々へ、休業中に触れ合いの機会をつくってくださったことへの感謝の気持ちを伝える→②二学期に期待する子ども像をスローガンにして伝える→③二学期の教育活動を（行事を中心に）知らせる→④それぞれの行事が園児のどのような育ちにつながるのかを説明する→⑤幼稚園としてどのように幼児にかかわっていくのかを経営方針と合わせて説明する→⑥家庭生活も含めて、保護者の皆様に協力していただきたいことを述べる→⑦年度を通して、二学期の意義について再度説明する→⑧園児の成長を楽しみにしていること、期待していることを述べて締め括る。

あいさつ実例

①　長かった夏季休業日も終わり、いよいよ二学期の始まりです。それぞれ、子どもたちは、どのようなお休みを過ごしてきましたか。登園のときに、日焼けした顔で、「おはようございます」と元気よくあいさつをしてくれました。心のなかには溢れるほどの想い出が詰まっているのだろうな、そんなことを考えながら一人ひとりの表情を見つめていました。保護者の皆様、ご自分が成長してからの夏休みの記憶というのは意外と薄く、心への掛かりも弱く感じませんか。もちろん、人によって程度の差はありますので、皆さんがそうであるとは申しませんが、一概に、大人になってからの記憶とか経験というのは、浅くて忘れてしまうことの方が多いのではないでしょうか。では、子どものころの夏休みのことを思い出してください。断片的な記憶かも知れませんが、色濃く心に残っている場面はございませんか。そうです。その時に感じたことや考えたことは、生涯心に残るものです。一生の宝物を得たかのような貴重な体験だったのかも知れません。保護者の皆様には、お仕事の合間を縫っての子どもたちとの触れ合いであったかと思います。でも、子どもたちの心には、いつまでも大切に仕舞われていくものです。いろいろとご苦労もおありだったかと拝察いたします。改めて御礼を申し上げます。ありがとうございました。

②　さて、二学期の子どもたちに期待することは、たくさんありますが、まとめて申し上げると、「もう一歩、歩いてみよう。」ということです。「はじめの一歩」については以前お話しいたしました。子どもたち一人ひとりの一歩から始まった幼稚園生活で

あいさつの留意点

●園児が元気に登園してきてくれたことへの喜びを伝えるとともに、長期休業での経験が子どもたちにとっていかに貴重なものかについて保護者の心情に問いながら説明する。

●家庭によりそれぞれの差異はあるが、子どもたちへ愛情を注いでくれたことに感謝の意を伝える。幼稚園も家庭も一緒であることの意思表示は大切である。

●二学期に期待する幼児像がイメージできる言葉にすると、以降の話

す。二学期は、これまで歩んできた道のもう一歩先に進んでほしいと思います。

③　それは、二学期には、子どもたちの発達に深い意義のある行事があるからです。たとえば、運動会です。運動会は、一人ではできません。お友だちと力を合わせて、心を一つにして練習に取り組んでいきます。幼児期に合った、演技や競技内容ではありますが、みんなで同じ目標に向かって、気持ちを揃えてというところが難しいのです。展覧会もあります。個々の作品も展示されますが、協同制作の作品もあります。子どもたちの思いはさまざまです。さて、どうやって折り合いを付けていきましょうか。

④　運動会、展覧会などの行事に共通して言えることは、子どもたちの主体的な取り組みにしたいということです。やらされているのではなくて、自分から内面から湧き出る欲求に動かされて取り組んでいる、そのような姿にしたいのです。

⑤　幼稚園では、子どもたちの内面にある〝これができるようになりたい〟〝みんなといっしょにやったらもっと楽しいだろうな〟という達成感を大切にしながら、段階的に情報提供をしたり、ときには、具体的な技能指導をしたりして、子どもたちが、自分の力でやり遂げたという充足感をもてるように、状況に応じて、個別に、全体に指導してまいります。まさに、個々に応じた保育を目指しております。

⑥　どうか、ご家庭でも子どもたちのお話をよく聞いてあげて、そして、少しずつの一歩を褒めてあげてください。自信は何よりも強い味方になります。

⑦　二学期は、このように大きな意義をもつ行事がたくさんありますが、子どもたちが

⑧　もう一歩の自分に踏み出せるよう創意ある指導に努めてまいります。

が伝わりやすくなる。

●独立園、併設園等の事情はあるが、二学期に大きな行事を設定している場合が多いのではないかと考える。

●したがって、どのようなねらいで、なぜこの時期かの説明をすることが大切である。

●幼稚園として具体的にどのように幼児に関わっていくのかを伝えることで、幼稚園への理解を深めていただくことにつながる。

●家庭の理解と協力が必要であることは繰り返し伝えること。

§4　冬休み前保護者会園長あいさつと運営上の工夫

保護者会園長あいさつ実例と解説①

前東京都千代田区立お茶の水小学校長・お茶の水幼稚園長

浅川　宏

あいさつの概要・保護者会の流れ

①成長する子どもの姿に共感→②園活動への協力と支援に対して保護者への感謝→③今学期・一年間の振り返り（困難を乗り越えたこと）→④目に見える成長と見えない成長→⑤進化することは、目に見えにくい→⑥竹の成長は見えない地下茎にあること→⑦見えないところに大切なものがある→⑧年末年始の生活と家族の一員としての役割意識を大切にする

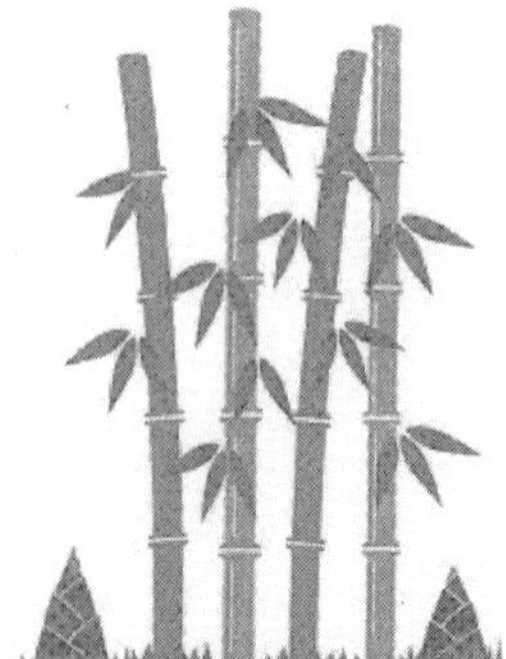

あいさつ実例

① 幼稚園周りの街路樹が色づき、秋から冬への季節の変わり目を伝えてくれる一二月を迎えました。鮮やかに色づいた木の葉を宝物のように大事に手にして登園する子どもたちの姿に、感性豊かで温かな心の成長が感じられ嬉しく思います。身の回りのすべての環境を体全体で受け止める素直さと、美しいものを心底から美しいと感じる豊かな心の大切さを教えられる思いです。

② 今学期、そのようなやさしさと素直さ溢れる子どもたちの成長を支えてくださった保護者の皆様、地域の皆様に感謝申し上げます。

③ 冬休みを前に、四月からの約九カ月間を振り返りますと、四月当初どの学年も新しい環境でさまざまな不安を抱えていた姿を始め、夏休み明けの生活リズムの安定を心配された二学期のスタートが思い出されます。それだけにこの間、さまざまな行事を通して楽しかったことも辛かったことも経験し、困難を乗り越えた姿が一段と新鮮に映ります。とくに、二学期の目当てである「あいさつをはじめ、進んで取り組む」ことを身に付けた子どもたちの姿は、さらなる成長を期待させてくれます。

④ このように、子どもたちの成長の姿が見られる一方で、成長の姿が見える形で確認できないと、素直に喜ぶことができず、我が子のよさを見逃してしまいがちです。私たちは、ともすると目に見える部分だけでものごとを判断してしまうことがあります。そして目に見える変化がないと、落胆し努力することを諦めたり、励ますよりも叱責することが多いのも事実です。しかし、目に見える部分だけを気にしてしまうために、目に見えないよさや特性に気付かず、大切なことを疎かにしてしまうことも意識した

あいさつの留意点

- 季節の変化を身をもって感じ味わう姿とその心の成長を支えてくれた保護者に感謝の気持ちを伝えたい。
- 地域のことに触れることで、かかわりを意識する。
- 二学期の生活を親子で振り返るきっかけとして情報を共有する。
- 体の変化など、表に出やすい外面的な成長とともに、優しさや思いやりなど内面的な成長に目を向けたい。

⑤ いと思います。まさに「進化する時は、カタチはあまり変わらない。しかし、見えないところで変わっている」というイチロー選手の言葉が思い浮かびます。

⑥ 成長が早く、力強さと柔軟さを有することで取り上げられる竹は、発芽に備えて地下で四年以上も耐えて根を張り巡らせ、地上では、わずか二カ月あまりで二〇メートルにも成長すると言われます。杉や檜が二〇年かかって一〇メートルになることを考えますと、成長を支える目に見えない力の大きさを感じます。

⑦ その意味で、いま、目の前で二学期を終えようとしているお子様の姿は、体の大きさだけでなく、さまざまな葛藤を経験し、目には見えにくい心も、多くの体験によって成長していることを共有したいと思います。一つのことが、できるようになったり、相手を温かく思いやったりする心の成長の過程には、子どもたち自身が培った日々の努力や、多くの苦労があることを、私たち大人が自らの体験を振り返るなかで、見つめたいです。学びの芽生えを始め、目に見えないもの、見えにくいもののなかにこそ、大切なことがあることを意識し、子どもたちのよさを見出し伸ばしたいと思います。

⑧ 年末年始は、どのご家庭も慌ただしくなりますが、節目のこの機会に家族の一員として一緒に家事に参加する経験も大切にしたいと思います。掃除も片付けも大人が考えるように要領よく進みませんが、役割意識をもって「自ら体験する」ことが、出来映えよりも価値があります。手間も時間もかかることも多いでしょうが、お子様に任せることが達成感や「自立へとつながる」大切な学びの機会になります。地域の伝統行事に触れることも含め、貴重な体験の機会を共有していただきたいと思います。

●イチロー選手の言葉

●竹がもつ規則正しい節が竹の強さになっていることにも触れたい。

●子どもたちの成長を心身の両面から幅広くとらえたい。

●学びの芽生えが就学後の学びの充実につながることを意識したい。

●家族の一員としての役割を果たす、やりがいを実感させたい。

§4　冬休み前保護者会園長あいさつと運営上の工夫

保護者会園長あいさつ実例と解説②

東京都中央区立泰明小学校長・泰明幼稚園長

和田　利次

あいさつの概要・保護者会の流れ

①二学期の幼稚園経営へのご支援に対しての御礼→②二学期の子どもたちの成長ぶりを具体例を挙げて紹介する→③現在、遊びとして取り組んでいるお正月遊びや年末、年始の風物詩についての指導内容を伝える→④年末、年始の意義について、年を跨ぐことの意義について子どもたちと会話をしてほしいことをお願いする→⑤冬季休業期間は生活のリズムを乱すこともあるので、その注意をお願いする→⑥来学期への期待と園経営へのご協力をお願いして締め括る

あいさつ実例

①　もうすぐ二学期も終わりを迎えます。保護者の皆様には、教育活動へのご理解とご協力、誠にありがとうございました（ご心配をおかけしたこともあったかと思いますが）何とか、教育課程を進めることができました。お子様の成長を感じられましたでしょうか。さまざまな面で子どもたちは成長したなと思っています。

②　たとえば、運動会がございましたね。リズムダンスでは、最初は動きを身に付けること、そして、リズムに合わせること、さらに、全体が調和することが大切ですが、なかなかはかどらなくて心配をしていました。でも、子どもたちの視線を観察していると、進歩の様子がよく分かるのです。練習を始めた頃は、子どもたちの目は、教師を追っています。そのうちに、動きが身に付くと、周りの友だちの様子を観るようになります。自分に自信がもてるようになったからです。そうすると、お互いに声をかけ合ったり、友だちに教えてあげたりする姿が観られるようになります。自分の姿を友だちに感じるようになるのですね。お節介にならないように指導しながら、お互いに高められる喜びを分かち合えるよう、褒めてあげながら声かけをしてまいりました。自分を見つめられる心が育っていくのですね。お友だちを応援する姿にもそれを感じることができました。日常の園生活のなかにも、そういう場面を見かけることが多くなりました。子どもたちが成長をした証です。

③　今の時期は、お正月の風物詩としての遊びを保育に取り込んでいます。年長児は、投げ独楽に挑戦しています。紐を巻くことから教えたのですが、これも難しい手先の

あいさつの留意点

●二学期の教育活動の具現化への協力に感謝するとともに、子どもたちの成長を伝えることは、保護者とともに子どもたちの成長を支えたことの気持ちを伝えることにもなる。

●園児の成長している様子を、具体的に伝えることは、保護者に向けての子育てヒントにもなるので、できるだけ焦点を絞って話すことが大切である。

●画像を使うことで、より効果的に子どもたちの様子が伝わる。

動きが求められますが、上手に巻けるようになって、投げ方も覚えると喜々として遊び込んでいます。こういう姿は、昔は街のなかで見られましたが、今は、幼稚園で経験させています。それから、凧揚げにも挑戦しています。凧は手作りです。どんなふうに竹籤を組んだらよいのか、糸をどのくらい張ったらよいのか、子どもたちは、あでもない、こうでもないと話しながら作っています。こういうコミュニケーションが大切ですよね。昔は、年上の子が年下の子どもたちに教えていましたね。独楽回しもそうなのですが、遊びを通して心が通じ合うこと、今の時代に必要なことだと思います。それをお正月遊びを通してできることが素晴らしいと思いました。どうかご家庭でも家族のコミュニケーション・ツールとして試してください。

④

それから、年末、年始のご挨拶の仕方も教えました。「よいお年をお迎えください」「明けましておめでとうございます」「今年もよろしくお願いします」。新年を迎えることは、心新たにするとともに、お世話になった方々に感謝の気持ちをもつことでもあり、初詣もそういう意味があること、そのようなことを教えました。これらも、どうかご家庭で実感をさせていただきたいと思います。

⑤

また、大晦日から三が日は、生活の流れが普段と違うのではないでしょうか。ご挨拶に行ったり、親戚が集まったり、生活のリズムが整わないことも考えられますね。年の瀬の賑わいやお正月の晴れやかさを味わうとともに、ご注意ください。

⑥

子どもたちが、三学期には、また元気な姿を見せてほしいと願っています。保護者の皆様、今学期もお世話になりました。よいお年をお迎えください。

●季節の風物詩の姿を見ることが減ってきた現代、幼児教育が果たすべき役割とその意義について保護者に理解していただくとともに、家庭にもその役割を果たしてほしいことを、保護者の心情に問いながら説明する。

●家庭事情により過ごし方はあるが、日本の伝統・文化の在り方については、幼児期の子どもなりに感じさせたいと考える。

●生活習慣が崩れがちな時節である。家庭の協力をお願いしたい。

保護者会園長あいさつ実例と解説①（遊びを通して）

前東京都千代田区立お茶の水小学校長・お茶の水幼稚園長　淺川　宏

あいさつの概要・保護者会の流れ

①三学期始め（冬休み明け）の意気込みある子どもたちの姿→②休み中の配慮ある家庭生活へのお礼→③三学期の始業式で示した今学期の目当て（目当ての共有）→④生きる力の意義→⑤就学前教育と生きる力→⑥遊びの充実→⑦幼児期の終わりまでに育ってほしい一〇の姿→⑧学びの芽生えを育む機会→⑨わくわくし、楽しさを感じ、仲間とかかわる体験→⑩ありがとうの感謝の声が響き合う年度末

あいさつ実例

①　明けましておめでとうございます。本年もよろしくお願い申し上げます。○○名で第三学期をスタートいたしました。冬休みを終えた子どもたちの姿から、これまでに培ったさまざまな力や意欲など、今学期も頑張るぞという意気込みが伝わってきました。

②　そのような気迫に満ちた新学期を迎えられましたのは、これまで支えていただきました保護者の皆様の日々のご尽力の賜でありますことに感謝申し上げます。

③　八日の始業式では、二学期末に子どもたちに伝えました「話の聞き方やあいさつができること」が多くなったことに加え、三学期は、約束やマナーを守ること、「ありがとう」の感謝の気持ちを伝えようという目当てをお話ししました。

④　今、小学校では、教科の学習を中心に、「健康・体力」「温かな人間関係」「確かな学力」の充実を目指しています。このことは一言で、「生きる力」と言われますが、この生きる力は、生きる喜びを実感できる体験によって培われると言えます。

⑤　そこで生きる力の基を育む就学前教育では、遊びを通した学びにより学習の素地を育てる視点で、小学校以降の生活や学習につなげることが求められます。その意味で、幼児期において自発的な活動である遊びを中心に、生活する力、かかわる力、学ぶ力を育てることが大切です。「三つ子の魂百まで」と言われますように、幼い時に自ら体験し、心に感じたことは生涯に渡って、その後の生き方をも左右します。幼児期は、物事の感じ方、見方、かかわり方の方向性が決められていく大変重要な時期でもあります。

⑥　かつて「ぼくは、いつ大人になるの？」という子どもの問いに、かけがえのない自

あいさつの留意点

●三学期を迎えた子どもたちの様子から前向きな姿が伝わってくること。

●相手とかかわる姿勢として、挨拶の徹底と感謝の気持ちを大切にする三学期の生活について。

●生きる力を育むことの意義を伝える。

●生きる力の基礎を培う幼稚園教育のねらいの重要性を示す。

●可能性溢れる遊びの大

他の存在に気付くこと。また、現実の厳しさから守られた環境でさまざま試し、失敗も許され、何回も挑戦可能な遊びができることが、子どもの特権であると言われました。この点で、さまざまな気付きや学びをもたらす遊びこそ、子どもたちの生活そのものであると言えます。

⑦ 幼稚園では、多様な環境での生活体験とともに、基本的な技能の定着や小学校とのなめらかな接続が求められます。中でも、幼児期における語彙の獲得や多様な運動経験がその後の学力や運動能力に大きな影響を与えると言えます。また、幼稚園教育要領に示されている「幼児期の終わりまでに育ってほしい一〇の姿」にかかわる取り組

⑧ みは、子どもたちの自発的な遊びや生活の中で育まれます。様々な自然や仲間とかかわる中で感性を働かせ、身の回りのよさや、美しさを感じ取ることや不思議さに気付くこと。そこで様々な試行錯誤からできるようになったことや理解したことを生かして、さらに工夫することで、かけがえのない様々な学びの芽生えを獲得していきます。

⑨ そのためには、学びとる過程、理解の道筋をどの子も身をもって体験することが必要です。この時期に、わくわくするとか、おもしろいとか、楽しいなど、自分自身で感じる体験を積み重ねることで、心身のたくましさや豊かさにつなげたいと思います。

⑩ 三学期は、次の学年、学校への準備の期間です。そこで、子どもたちにとって「生きる喜びにつながる遊びの実現」を大切にしていきたいと思います。そして、どのクラスからも「ありがとう」の感謝の声が響き合う年度末を目指して参ります。よろしくお願いいたします。

切さを伝える。

●幼稚園は、様々な遊びを見出し、自分のお気に入りの遊びを仲間と共有し、振り返り、気付き、工夫することで多くを学ぶ場であることを伝えたい。

●幼稚園教育要領（三〇年度より実施）。

●「幼児期の終わりまでに育ってほしい一〇の姿」。

●学ぶ楽しさにつなげる遊びの充実の大切さを示す。

●進級・進学に向けた見通しをもつことを意識したい。

§５　冬休み後保護者会園長あいさつと運営上の工夫

保護者会園長あいさつ実例と解説②

東京都中央区立泰明小学校長・泰明幼稚園長
和田　利次

あいさつの概要・保護者会の流れ

①子どもたちとの再会の喜びを伝え、三学期の幼稚園経営への協力をお願いする→②年末、年始の子どもたちの生活の様子について問いかける→③冬季休業中の経験の大切さについて確認するとともに、できるだけその経験を園生活に生かしていけるよう伝える→④三学期の教育活動の概要を話し、修了時、進級時の望むべき姿を話す→⑤そのために、幼稚園はどのように教育活動を進めていくのかを説明する→⑥家庭との連携が必要であることを要望する→⑦次年度へのご協力をお願いして締め括る。

あいさつ実例

① 新年を迎え、晴れやかに登園してくれた子どもたちの様子を見て、とても安心いたしました。みんな、よい年を迎えられたようですね。いまの気持ちを大切にしながら、三学期の教育活動を推進してまいります。どうぞよろしくお願いいたします。

② 年末、年始の子どもたちの様子はいかがでしたか。年の瀬や年明けの、日本の伝統や文化の特徴に触れることができましたでしょうか。個人差はあると思いますが、幼稚園では、しばらくは子どもたちの遊びのなかにその経験が現れるかと思われます。余韻に浸りながらも、三学期の大事な活動に移行してまいりたいと存じます。

③ 三学期は期間も短く、瞬く間に新年度を迎えます。冬季休業中に感じ取ったコミュニケーションの心地よさや日本の伝統・文化に触れた歴史的な好奇心、また、年越しをしたことの、子どもたちなり感覚を生かしながら、社会性の枝葉がさらに成長していくように、一人ひとりの変容を見守りたいと思います。

④ 三月までの月日は、とてもせわしなく過ぎていくものです。これまで培ってきた人とのかかわりを貴重に感じる心、そして、自分ができるようになったこと、集団としてクラスが心地よい環境になったこと、そして、何よりも本園で過ごした時間の愛おしさ、そのような気持ちで、学期末を迎えてくれたら、この上ない喜びでございます。修了式が一つの区切りになりますが、それまでにも、修了に向けた行事がございます。一つひとつが、在園児にとっては四月からの心構えの礎となり、修了児にとっては、小学校入学への希望、自信となるものです。

あいさつの留意点

- 年末、年始の子どもたちの様子を問いながら、その経験を生かして三学期の教育活動を進めることを伝える。また、短い三学期こそ、子どもたちの変容を的確に見つめていくことも合わせて伝える。
- 修了に向けての活動が主になるが、自分たちが培ってきたことを具体的に振り返るよい機会とすることも大切なことである。
- 三学期の教育活動には、所属感、振り返り、達成感などの感情の機

⑤
たとえば、毎月のお誕生会は、いつも五歳児が進行役を努めていましたが、三学期は四歳児に替わります。進行の方法を年長児から教えてもらい、練習をしながら、幼児なりの自治感情を培っていくのです。年長児は、年下の子どもたちの成長を喜びながら、自分の成長を感じ、自己実現の端緒をつかむのです。ささやかな活動ですが、子どもたちにとっては重みのある経験です。毎年のことではございますが、子どもたちの心情に訴えながら指導をしております。また、日常の遊びについては、できるだけ全学級が一緒に遊べるような活動を計画しております。所属意識や集団的活動の価値が子どもたちに感じられるよう、日々の活動に配慮してまいります。さらに、お別れ会に向けては、最後の協働活動として、いつまでも心に残る内容となるよう、趣向を凝らした企画を、在園児とともに考えております。

⑥
どうか、修了児のご家庭においては、これまでの幼稚園生活を振り返るとともに、自分が自信がもてることは何か、これからがんばらなければならないことは何か、小学校入学に向けてのお話を話題にしていただきたいと願います。また、在園児のご家庭では、将来の自分像として、修了児の姿をしっかりと見つめるよう諭していただければ幸いに存じます。ご家庭と幼稚園とが連携を深めながら今日まで教育活動に勤しんでこられたことに深く感謝申し上げます。

⑦
最後になりますが、次年度以降も本園の教育活動にご理解とご協力を賜りたくお願いをいたします。そして、本園のよさがよりいっそう磨かれますよう、これまでにも増してご示唆を賜りますよう重ねてお願い申し上げます。

微が生まれるような活動を取り入れていくことを伝える。

●入園当時の画像などがあれば、成長の過程がより鮮明になる。

●家庭においては、小学校へ進学することの喜びや、希望について話題にすることが、先々の主体的な学校生活に繋がるので話題になさるよう要望したい。

●在園児にも、進級の喜びや自覚をもてるよう、幼稚園での活動の意義を分からせるよう、家庭との協力を呼びかける。

保護者会園長あいさつ実例と解説①

東京福祉大学教授
元東京都千代田区立九段小学校長・九段幼稚園長
鈴村　邦夫

あいさつの概要・保護者会の流れ

①時候のあいさつ、来園やこの一年間の保護者の協力への謝意を述べる→②本年度の保育方針について確認の意を込め述べる→③本年度の保育の成果について述べる。保育に生きる研究成果もあれば触れる→④保育の外部からの評価について触れる→⑤特色ある保育の成果を述べる。特に新規取り組みは触れる→⑥子どもをよりよく育てるための協力依頼をする→⑦年長児の成長・修了（卒園）やPTA役員や保護者ボランティアへの謝意を述べる→⑧本年度の協力への感謝や新年度への抱負を述べ締めくくる。

あいさつ実例

①　心地よい春風が吹く季節になりました。本日はお忙しい中、本年度最後の保護者会にお集まりくださりありがとうございます。お蔭様で○○○○年度も無事、お子さんたちの笑顔いっぱいで終了しようとしています。ひとえに皆様が、雨の日も風の日も、猛暑、酷暑の日もお子さんを園に送り迎えしてくださったこと、日々の保育はじめ、

あいさつの留意点

●冒頭のあいさつの意味

一年を無事に終えることができるのも、ひとえに保護者の協力の成果で

園行事に多大なるご理解とご協力を賜ったお蔭と考えます。本日はこれまでの園の取り組みやお子さんの成長、新年度に向けての取り組みやお願いについて申し上げます。

② さて、本園では、国の保育指針や東京都、○○区の方針をもとに、「か（かかわり）・し（しつけ）・こ（ことば）・い（いっぱい）」を保育のキーワードとして○○園らしい保育の実現に向け、皆様と共に努力してまいりました。これまでも行事の折など何回となく繰り返してきたので、保護者の皆さんもすっかり覚えてくださったことと思います。

③ 今年度もお子さんの成長を振り返りますと「かかわり」では、近隣の保育園の友だちと合同の遠足や小学校に体験入学、昔遊びの会でお年寄りとの交流、もちつきや夏休みのわくわくサンデーでは保護者の方々との料理や工作、大勢の方々との交流がありました。「しつけ」というと何だか古めかしい雰囲気を感じるかもしれませんが、いつの世でも変わらぬ大切なものと本園ではとらえています。日常の挨拶、礼儀、中でもお互いの自尊感情を認め高める「ありがとう」の言葉は大切にしています。「いっぱい」は、健康に園生活を楽しみ元気いっぱい、未来への夢いっぱいということです。

④ お蔭様で今年もそのような生活を送ることができたと教職員一同自負しております。来園されるお客様から、園児の礼儀正しさや元気のよさをたくさんお褒めいただいております。保護者の皆様の日ごろからのご努力の証でもあります。

⑤ 次に本園の特色ある保育の成果の一端を紹介いたします。思いやりの心を育む異年齢交流ですが、「ハッピートリオ」として三，四，五歳児の縦割り班を構成して活動

あることの感謝。園児の成長を共に喜び合う雰囲気の醸成が大切。気候も今までにないくらい、従前とは変動している。時候のあいさつも、ふさわしいものを選ぶ。

●園長の話の留意点

保育を支える方針、園で重要視していることを紹介し再確認する。さらに、具体的な取り組みをわかりやすく紹介をする。園の取り組みが外部からも評価されている点にも触れ、保護者の信頼につなげる。

●一年間の成果の説明

保育や研究の成果を報

の場を設けました。運動会では、「ハッピートリオ」の演技を取り入れました。日頃の交流に加え、自分より年少の園児に対して進んでお世話する姿が随所に見られました。希望する五歳児には、隣接する小学校の全校朝会へ参加することになりました。この経験は、小学校入学の自覚と期待につながります。

⑥　保護者の皆様に二つお願いがあります。一つは、園児が自分に自信をもつ言葉かけの励行です。言葉かけの基本は、「ありがとう」……感謝と成長を認め励ます言葉です。ご家庭でも園とご一緒にお願いいたします。もう一つは、小学校に入学される前に、実際の通学路を一緒に歩いてみることです。ご一緒に歩きながら、道順や危険個所、万一の際の駆け込みも場所を確認することが大切です。小学校入学に向けて、お子さんが小学校入学を楽しみにできるようなお話などされてはいかがでしょう。

⑦　いよいよ年長さんたちとのお別れは寂しい限りです。しかし、立派な修了（卒園）式になること間違いなしです。進級される皆さんは、年上の園児の様子がお手本になったことと思います。これらの成長は、○○会（保護者の会）会長はじめ役員の皆様のご尽力のお蔭です。また、ファミリーボランティアの皆様のお支えがあったからです。「できることをできるだけ」の精神で積み重ねてこられた成果です。心より感謝申し上げます。今後とも子育てを楽しむつもりでご参加ください。

⑧　結びに、私は今年も「元気いっぱい、夢いっぱい」。通わせてよかった。「心のふるさと」を目指して努力してまいりました。今後とも、園と保護者の皆様とで、心を一つに「チーム○○」。すばらしい園にいたしましょう。本日はありがとうございます。

告し子育ての啓発に資する。積極的にビデオやプレゼンテーション等視聴覚に訴えるものを用いる。

●小学校入学前の留意点

一人で登下校を行うことが増える。通学路の確認は重要。また、小学校入学への期待感を親子で高める。逆に、例えば保護者が、小学校は勉強がとても難しいなど安易に伝え我が子の不安をかきたてないよう助言する。

●感謝と抱負

一年間の感謝を述べ、保護者と園とが同じ方向を向き、今後も一致協力するよう締めくくる。

§6　年度末保護者会園長あいさつと運営上の工夫

保護者会園長あいさつ実例と解説②

東京都台東区立清島幼稚園長
和田万希子

あいさつの概要・保護者会の流れ

①本日参加していただいたことへの感謝と、子どもたちの成長について述べる→②具体的な成長を年長児・年中児の関わりの姿から述べる→③具体的な成長を年長児・年少児の関わりの姿から述べる→④子どもたちのさらなる成長のために教職員一同さらに努力することを述べる→⑤園評価のアンケートについてのお礼とその結果について説明する→⑥一年間の保護者の方の教育活動へのご理解・ご協力に感謝し、締めくくる

あいさつ実例

① 保護者の皆様、本日はお忙しい中、保護者会にお集まりいただきまして、ありがとうございます。早いもので、もう間もなくふじ組は小学校へ、そしてさくら組・うめ組はそれぞれ進級します。日々の子どもたちの姿を見ていると、大きくなったな、としみじみ感じることが多くなりました。

② 先日は、お別れ遠足でした。きく組と一緒に行く最後の遠足です。前日の寒さが嘘

あいさつの留意点

●忙しい中集まっていただいたことへの感謝を丁寧に述べる。

のように暖かい日で、子どもたちは自然のなかたっぷりと遊んできました。ふじ、さくら、うめ、それぞれの学級が混じったグループで行動したのですが、ふじ組のお兄さん、お姉さんぶりはさすが！でした。

小石川の森のなかを迷子にならないように手をつないだり、自分は用がなくてもトイレにまでついていってあげたり、お弁当が遅くなってしまった子に優しく声をかけながら待っていてあげたりしていました。誰に言われたわけでもないのに自分たちより小さいうめ組のことを考えて行動するふじ組の姿、また、お兄さん、お姉さんの言うことをちゃんと聞き、みんなと行動しようとしているうめ組の子どもたちの姿に成長を感じた一日でした。

③

もう一つ、成長のエピソードをお話しします。最近、新しい朝の日課ができました。ふじ組とさくら組がペアで行うお休み調べです。職員室にやってきて、ふじ組の子がなにやら耳元でささやいて、「おやすみしらべです！！」と声をそろえて言っています。恥ずかしそうにきく組の後ろに隠れたり、何て言えばいいのか忘れてしまってふじ組の手をぎゅっと握っていたりする子もいますが、ふじ組さんに助けてもらいながら頑張っています。「大丈夫かな」という顔で見守っているふじ組の様子も、自分でできたことに満足げなさくら組の姿も、どちらもとってもほほえましくたのもしく、「みんな大きくなったね！」という言葉を掛けずにはいられません。「幼稚園のことは頼んだよ」という思いのふじ組と「大丈夫。任せて！」というさくら組の間で、他にもいろいろなことが、しっかりと引き継がれています。

●子どもたちの普段の生活のなかから、成長が感じられるエピソードを分かりやすく伝える。

●子どもたちの成長の様子を伝えることで、教職員がどういうことを大切に保育しているかも伝える。

④
いま、子どもたちの心は、次の学年への進級、小学校への進学への期待でいっぱいです。この時期の子どもたちは、期待をバネにしてグーンと力を伸ばしていきます。私たち教職員も力を合わせ、一人ひとりの子どもたちがたくさんの自信をつけて進級・進学できるよう、援助していきたいと思います。

⑤
また先日は、園評価へのアンケートのご協力ありがとうございました。教職員で今年度の教育内容の評価と反省を行い、さまざまな行事・活動の成果や改善点を出し合っています。もちろん、保護者の皆様からいただいたアンケートの結果も参考にさせていただいております。詳しくは、本日お配りしました園評価結果をご覧ください。次年度も、子どもたちの幼稚園での生活が、学びの多い充実した日々となるよう努力していきたいと思います。

⑥
今年度も、保護者の皆さまには、さまざまな形で園の教育活動にご協力をいただきました。本当にありがとうございました。心よりお礼を申し上げます。

●子どもたちの成長のために、教職員一同で努力していくことを改めて伝え、園への信頼感をもってもらえるようにする。

●園評価を受けての改善点などが分かるように文書等で示し、報告する。

●一年間の保護者への感謝を丁寧に述べ、次年度へとつなげる。

入園選考説明会園長あいさつ実例と解説

学校法人暁星学園暁星幼稚園長　佐藤　正吉

あいさつの概要・保護者会の流れ

①説明会来園へのお礼と併せ、教育活動の紹介の道筋を述べる→②カトリック幼稚園としての基本について「教育目標①」を紹介→③「教育目標②」の自立心と責任感を紹介→④「教育目標③」の人を大切にする心の育成について紹介→⑤「教育目標④」感性を育む教育について紹介→⑥「教育目標⑤」の自分で考えることについて紹介→⑦幼稚園生活の一日を生活時間に沿って紹介→⑧保護者に依頼することと本園の防災対策について説明する→⑨人格形成の基礎を培う幼児教育の重要性と、本園教職員の思いを述べる→⑩幼小中高一貫教育の学園として、小学校進学について説明し、あいさつを終了する

コップとタオルも自分でできるよ

ここから水を入れるとどうなるかな？

あいさつ実例

① 園長の佐藤正吉です。本日は、説明会にお越しいただきありがとうございます。ではスライドをご覧いただきながら本園の教育目標に沿って、教育活動をご紹介します。

② まず、「神様を信じ、神に守られていることに気づき、祈る心を育てます」の目標です。カトリック幼稚園として、マリア様へのご挨拶で一日が始まり、食事のお祈り、帰りのお祈りなど、お祈りを大切にしています。また、年間を通じ、復活祭の集い、マリア祭、降誕祭・クリスマスなどの宗教行事を大切にします。

③ 朝と帰りの身仕度、使った道具のお片付けなどを自分たちで行うなど、「主体的に環境に係わり合いながら、自立心、責任感を育てます」。入園直後は、年長のお兄様お姉様が手伝ってくれます。また、一貫教育の特色を生かし、小学校や高校のお兄様との交流もあります。

④ そして、「友だちを受けいれ、相手の気持ちに気づき、人を大切にする心を育てます」という目標は、集団生活に大切なルールとマナーの第一歩です。園庭のブランコ、砂場、土と緑のどんぐりグランド、高校の広い人工芝の校庭などを存分に使って活動し友だちを増やします。また、園舎内の図書コーナー、大きなホール「ソレイユ」もあり、さまざまなごっこ遊びや、かけっこ、ドッジボールなどで元気に遊んだり体をいっぱい使った遊びをしたり、先生から楽しいお話を聞いたりします。

⑤ たくさんの木に囲まれた園庭で、砂場遊び、泥んこ遊び、お花の栽培や野菜作りなどの活動を通し、「自然や美しいものに感動する柔らかな感性を育みます。」

⑥ みんなで協力する制作活動や大積木を使っての遊び、それぞれが真剣に考え創り上

あいさつの留意点

●冒頭のあいさつ

本園の入園を考えていただいていることに感謝の気持ちを込める。

●園の基本的な姿勢

私立として重視している建学の精神を述べる。

●園が重視している活動

本園の特色ある活動や重視している活動、日常的に行っている活動などを、簡潔に説明する。

その際、説明の順を本園の教育目標に沿って進める。（「　」内が教育目標）

げています。それが「自分で考え、ものごとを深くとらえる力」になります。

⑦　次に、幼稚園生活の一日です。午前九時一五分に開門し、「おはようございます」のごあいさつで始まります。上履きに履き替え、明るく広いお部屋が保育室です。一人一つのロッカーで着替えます。お昼はお母様の心のこもったお弁当をいただきます。降園の時刻は、午前保育の水曜日以外、年少組は午後一時二〇分です。

⑧　特に、保護者の皆様へのお願いです。ご家庭と幼稚園でともに幼児を育てることが大切と考えています。本園では、子どもの登園・降園の付き添い、体調不良等による緊急のお迎え、親子が一緒に参加する行事などがあります。また、保護者会や個人面談なども計画しています。緊急の場合は「緊急メール」で幼稚園と保護者をつなぐ連絡網があります。防災頭巾をかぶっての避難訓練も適時行い、災害発生の事態に備えて、食料や飲料水なども備蓄してあります。

⑨　幼児期の教育は、人格形成の基礎を培う重要なものです。「人間として生きていく力を育む」のです。目標に向かって頑張る力、友だちや他の人とうまく関わる力、感情をコントロールする力などの基礎を育てることです。私たち教職員一同は、学園建学の精神と本園の教育目標をしっかりと子どもに育んでいく所存です。なお、本園を修了した男児は内部進学試験を経て暁星小学校への内部進学が認められます。入学許可は小学校が行いますので、幼稚園教育内容をしっかり身に付けさせます。また、女児は、それぞれに希望する小学校を目指します。園では、園長面接等を行っています。

⑩　以上、本園の教育内容を中心に申し上げました。ご静聴ありがとうございました。

●一日の生活リズム

登園から降園までの時間を知らせ、併せて園児が自分で行う身支度などを伝える。

●保護者への依頼

登園・降園時の付き添いを始め、保護者の参加する行事、緊急時の連絡について伝える。

●幼稚園教育のねらい

「教育要領」の文言を引用し幼児教育の在り方を伝え、併せて小学校進学についても伝える。

§７　入園説明会の園長あいさつと運営上の工夫

入園準備説明会園長あいさつ実例と解説

白梅学園大学附属白梅幼稚園長　山形美津子

あいさつの概要・保護者会の流れ

①来園へのお礼と感謝を述べる→②今の保護者の気持ちを察した話をする→③園の歴史と概要→④園の特色→⑤教育目標や園の教育方針→⑥入園式までに家庭でこころがけておいてほしいこと→⑦今後のこと

あいさつ実例

①　皆様、おはようございます。

本日は、入園前の保護者会にお集まりいただき、ありがとうございます。

ここにいらっしゃる皆さんは四月から本園に入園してくださる皆さんです。本園の教育方針をご理解してくださり、大切なお子さんを通わせる幼稚園として、本園を選んでいただきまして、ありがとうございました。

私は園長の〇〇と申します。どうぞよろしくお願いいたします。

あいさつの留意点

●来園への感謝の言葉と本園を選んでくださったことへのお礼の気持ちを述べる。

●入園を控えた今の保護者の気持ちを予測し

② 二カ月後に入園を控えて、ご家庭でも幼稚園のお話が出ていることでしょう。お父さまお母さまとしては、期待する気持ちと不安に思う気持ちが入り混じっていらっしゃる方もいると思います。それは、お子さんも同じだと思います。初めてご家庭から幼稚園という集団のなかに入れるわけですから当然のことと思います。

③ 今日は、幼稚園の概要と、幼稚園がどのような教育方針でお子さんを育てていくかということを中心にお話しします。

本園の概要ですが、昭和四九年に開園し、今年で七〇年目を迎えます。とても歴史と伝統のある幼稚園です。

④ 本園は、大学の附属幼稚園でもあります。大学には多くの幼児教育専門の先生がいらっしゃるので、子どもの遊びや発達に関する研究や、大学の先生方が指導しておられるゼミの学生とのワークショップなど、多くの教育活動を、大学と連携して進めることができるメリットがある幼稚園です。本園は皆様ご存じのとおり、通園バスもなければ、給食もない幼稚園です。しかし、それには子どもの成長にとって意味のある理由があるのです。通園は徒歩を推奨しています。親子で手をつなぎ、歩きながら道端の草花や虫と触れ合ったり、季節の移ろいを感じたりできるからです。幼稚園の行き帰りのこの触れ合いは、幼児期の子どもたちにとっては、大切な感性を育む場になっています。また、小学校に入学すれば、すべての子どもが給食です。幼児の間は手作りのお弁当で家庭の味を味わってほしいと思っています。

⑤ 本園の教育のスローガンは、「青空の下で　大地に根を張り　伸びゆく子どもたち」

て、共感し、皆同じような思いをしていることを伝え、安心感をもってもらう。

●園の歴史を簡単に伝える（すでに歴史などはわかったうえで入園を希望してくださっているため）。

●園の特色を話し、この園のよさを改めて認識していただく。

●教育目標と園が大切にしていることを伝える。とくに遊びの意味や体を動かして遊ぶことの大切さを強調して伝える。そういう教育方針のなかで子どもた

です。「夢中のなかでこそ子どもは育つ」という理念に基づき、「遊び」を大切にした保育を進めています。「遊び」の世界では、子どもたちは周りのことが目に入らなくなるほど一つのことに熱中していきます。天気のよい日は園庭で思い切り体を動かして遊ぶという保育を進めています。このように、開園当初から一貫して、子どもの生活そのものを大切にし、子どもの主体的な遊びを重視した保育を進めています。こうしたなかで、自分の興味や関心を深めていく学びを大切にしたり、工夫したり試したりしながら思考力を養ったりしていきます。また、自分で考えて判断して行動する、いわゆるこれからの人生に必要な「生きる力」の基礎が身に付いていきます。

そして、人との関わりも大切にしています。今までは家族とのかかわりが中心でしたが、これからは幼稚園に入園したことをきっかけにして、子どもの世界が広がり、人と関わる機会が一気に広がっていきます。先生や友だち、友だちのお母さん、幼稚園に関わる地域の方など、多くの関わりが生まれ、そのなかで子どもはたくさんの刺激を受けて育っていきます。

⑥　さあ、あと二カ月間は、早く寝て早く起きる、朝ご飯をしっかり食べるという規則正しい生活を心がけてください。そして、なるべく戸外に出かけていき、体を動かして遊ばせましょう。幼稚園の未就園児の会もまだありますので、どうぞいらしてください。

⑦　何か心配なことがありましたら、いつでもお話に来てください。では入園式の日、元気に登園してください。皆さんにお会いできるのを楽しみにしています。

ちに育つものや育まれる力などについて話し、これからの園生活に期待感をもってもらう。

●入園までの二カ月間の過ごし方について話し、心構えをもってもらう。生活リズムを整えることや外遊びをすることを強調する。

●これからはいつでも幼稚園は相談体制ができていることを伝え安心してもらう。と同時に入園式で会えることを楽しみにしていることを伝える。

第2編

誕生会園長あいさつと運営上の工夫

序章

誕生会園長あいさつと運営上の留意点

〈幼稚園・保育園〉誕生会園長あいさつのポイントと留意点

学校法人暁星学園暁星幼稚園長　佐藤　正吉

誕生会園長あいさつのポイント　誕生会は、幼児一人ひとりの誕生を祝い、他の幼児と支え合って生活する幼稚園・保育園での活動を通して自立心を育てるために、ほとんどの幼稚園・保育園がとくに大切にしている行事の一つと言える。誕生日を迎えた幼児が中心になってのひとときになるが、誕生会の形態や運営の仕方など、それぞれの園の運営理念が現れるのも誕生会の特徴と言える。具体的には、誕生日のプレゼントを園から渡す場合、司会進行等は年長組が受け持つ場合、保護者も参加する場合、お祝いのおやつを出す場合などそれぞれの園の特徴が現れる行事である。こうした行事での園長のあいさつのポイントは、①一人ひとりの誕生を祝う、②今日までの成長を振り返り周囲の人への感謝をする、③これからも元気に明るく生活することの大切さを伝えることと言える。あいさつと言っても、園長からのプレゼントが誕生会でのあいさつと心得ておきたい。あいさつを言葉として語るのは子どもの年齢等を踏まえるならば短くして、園長自身の子どものころの遊びを実際に行う、相応しい読み物を聞かせるなどを併せて用意しておくことが心温まるあいさつの内容と言える。そこで、まず「あいさつのポイント」について、一つずつ簡単に紹介してみる。

①一人ひとりの誕生を祝う　園行事として月ごとに誕生会を行っているため、「今月、誕生日を迎えるのは……」というようにしての誕生会であるが、祝うのは一人ひとりの誕生日を迎えた子どもである。そこで、園長のあいさつでは、「○月に生まれた人は……」という言葉遣いをするが、できることなら「○日生まれの○○ちゃん、お誕生日おめでとうございます」というようにその子どもの名前を出してほしい。このとき、誕生日を間違えないように正確に調べ、自

信がなければ読み上げる形でもよい。この世に、かけがえのない一人の人間として姓名をしっかり読み上げるのも大切である。

②**成長を振り返り感謝をする**　生まれてから誕生日を迎えるまでに、大勢の人にお世話になったことを振り返らせることは、誕生日の祝いの大切な柱と言える。幼児期の教育が「生涯にわたる人格形成の基礎を培う重要なもの」（教育基本法一一条）であることを基本に、父母と家族の思いや願い、子どもを取り巻く周囲の人々の思いをしっかり受け止めるようにする重要な日と考えておきたい。

③**明るく元気に生活する**　一つ年齢を重ねる日である誕生日に、子どもなりに自分はどのように生きることが大切かということを考えさせたい。難しい言葉ではなく「元気にあいさつしよう」「家族とたくさんお話をしよう」「体をいっぱい動かして遊ぼう」などのように、その子の目当てとなるような簡潔な言葉で伝えることが大切である。

誕生会園長あいさつの実際　誕生会で園長が行うあいさつのなかで工夫している具体的な内容を示し、その特徴を述べてみたい。これらを参考にしていただき、子どもが喜び思い出に残る誕生会としていっそう心に刻まれるように工夫されるよう期待するものである。

①**「私が小さかった頃」**　園長自らが幼稚園の幼児だったころのエピソードを中心としたあいさつと言える。ただ、「昔はこうだった」式の話だと子どもの興味がわかないことが多かったり、当時の様子を思い浮かべることさえできない年齢ギャップで終わったりしてしまう場合があろう。それでは、単なる園長の「思い出話」でしかない。そこで、園長自身の幼児期のスナップや通った幼稚園のアルバム、できれば幼稚園の時の作品（絵、折り紙、誕生カードなど）があれば申し分ない。それらを示しながら、「園長先生にも、ぼくたちと同じ年の時があったのだ」という思いにさせ、そのころの自分のことを話し、園児と変わらない生活の様子を伝えることもできる。

②**「お話ポケット」（読み聞かせ）**　私は、「お話ポケット」と名付けた袋を持っている。ちょうど絵本が入る大きさで、

これを時々出しては、園児に「読み聞かせ」を行っている。ただし、一〇〇人の子どもが観客なので、長くならないようにお話を短くしたり、絵を何枚かにして拡大して示したりすることもある。いずれにしても、本好きな子どもに育って欲しいと年間を通して行っている。それを、お誕生会でも披露することがある。誕生会で読み、子どもの目が輝いていた本に『ねえ　だっこして』（竹下文子・文　田中清代・絵　金の星社）『ちょとだけ』（瀧村有子さく　鈴木永子・絵　福音館書店）『おおきくなるっていうことは』（中川ひろたか・文　村上康成・絵　童心社）などがあった。誕生会に読み聞かせたい本を何冊か持っていたいが、誕生会で読む本はけっして分野にとらわれることはなく、大切なのは園長自身が感動して、「子どもに読んであげたい」と思ったものであることを付け加えておきたい。

③園長の得意技を披露しながら　園長だけでなく、教員は自分の得意技を持っている人が多い。得意技として挙げてみるならば、「人形劇」「腹話術」「手品」「コマ」「お手玉」「似顔絵」などが次々にあがってくるが、それだけでなく、「ピアノ」「ギター」「歌唱」「漫画を描く」などは園長の話とともに披露することで、子どもにとっては『待ち遠しい』園長先生のお話のひとときとなるであろう。言うまでもないが、その子どもの誕生を祝うことが第一であり、園長の話をより身近で親しみのもてるものにするための創意工夫である。得意技のお披露目が主でも中心でもなく、園長の子どもに向けてのお祝い・お話が中心であることを心しておきたい。そのためにも、誕生日の出来事、偉人の誕生日など、日頃から誕生日にお話することがらを意識的に集めておきたい。とくに、日頃の子どもの生活から、子どもが興味をもっていることに敏感になっておくことや、自身の特技も技を磨いておくことが大切である。

④昔遊びの楽しさを伝える　「メンコ」「コマ」「お手玉」などの昔遊びは、得意技の部類に入るが、日頃から園長だけでなく教員も自分たちがかつて遊んだ遊びの仕方を子どもに伝えておきたい。「かごめかごめ」「花いちもんめ」「あぶく立った煮え立った」などのような遊びの楽しさは友だちの範囲を広げることにつながる。また、「アルプス一万尺」「権兵衛さんの赤ちゃん」などのような手遊びの楽しさは、互いがより仲良くなる遊びでもある。こうした遊びは、か

って は近所の子どもたちが自然に教えてくれたものであるが、今では祖父母の世代が教えていかなければだんだんなくなっていく遊びとも言える。私は、一一月の誕生会の「お話ポケット」で、「通りゃんせ」の歌とともに、絵本を見せて、歌詞にある「七つのお祝いに」から七五三の話をしたり、「おおさむ　こさむ」の歌で木枯らしの話をしたりした。いずれも、「わらべ歌」からの話であるが、こうしたことも今の子どもに伝えておきたいことの一つである。

⑤クイズ、しりとり、言葉遊び　誕生日を迎える子どもが多い誕生月は、園長の言葉も全体の計画に合わせて短くしなければならない。そんな時の〝切り札〟はクイズ、しりとり、言葉遊びである。クイズは、年少用と年長用を準備しておくことが必要である。また、しりとりも同様である。言葉遊びは、だじゃれを言うことも入る。「いろはかるた」からの故事来歴をやさしく説明することも入る。いずれにしても、言葉や表現に興味を持たせることにつながる。もっとも、今日の子どもたちには、電車の種類や恐竜の名前などをクイズにすると、きわめて博識を披露する子もおり驚く。

誕生会園長あいさつの留意点

始めにも書いたが「誕生会のあいさつは園長のプレゼント」の思いで行うことである。本園のように誕生月の子どもの保護者も参加する誕生会でも、保護者向けのあいさつは、全体の会の終了後園児が各保育室に戻り、保護者が各保育室に移動するわずかな時間に行っている。子どもの成長を喜び、本日「園長先生のお話」として話した内容に簡単に触れるのが誕生会での「保護者向けあいさつ」である。あいさつという表現だとどうしても「本日は……」式に考えがちだが、「園長先生からのプレゼント」として位置づけて、子どもへの思い、こんな子どもになってほしいという願い、こんな楽しい本がありますよという紹介など、全園児に直接話ができる機会（チャンス）として私自身が楽しみにしている。あいさつの留意点は、「自分が楽しみにしている」ことと言える。

十数年前、公立の幼稚園長を兼務していたときは、「まだ若いぞ」の思いで、誕生日を迎えた園児全員を、両腕で抱え、私の頭の高さまで「『高い、高い』のプレゼントです」と言って頑張っていた。残念ながら、今では全員の園児を「高い、高い」をするには少しばかり自信をなくしてきている。

〈幼稚園・保育園〉誕生会運営上の工夫と出し物

学校法人暁星学園暁星幼稚園長 **佐藤 正吉**

誕生会運営上の工夫　毎月一回誕生会を実施している園では、誕生月を迎える園児にとっては「特別の月」として心待ちにしている日であるとともに、すべての園児が「今月のお誕生会はいつ」と、その日を特別の日として考えていると言える。それだけに、誕生会の持ち方や内容などを工夫することは、その園の持つ「文化的な特色」とも言うことができる。誕生日に「今日は◯◯ちゃんのお誕生日です。おめでとうございます」というような簡単な紹介をして祝うような工夫をしている園もある。また、保育室の壁に全員の小さな自画像を貼って、誕生日を迎える園児をクラスとして意識させておくなど、誕生をみんなで祝うことを園全体の喜びとする日常の雰囲気づくりは大切である。それは、一人ひとりの園児をかけがえのない一人の人間として意識させることにつながり、人権尊重の教育の基になるものと言える。誕生会をこのように捉えるならば、その園らしさが現れるような運営上の工夫をするように努めたい。

基本的な計画として　本園での誕生会の運営を例に、「その園らしさが誕生会に現れる」ことを述べてみる。本園は、キリスト教の理念に基づく教育によって人格の完成と社会の福祉に貢献する人間を育成することを「建学の精神」とするカトリック幼稚園である。諸行事を行う際の基本として、教育目標にある「神様を信じ、神に守られていることに気づき、祈る心を育む」を常に大切にして運営を進めている。誕生会は月ごとに行っている。具体的には、園付司祭（スクール・チャプレン）である神父様による祝福を「おたんじょう会」の中心としている。プレイルームである「ソレイユ」は、この日全園児と、誕生日を迎える園児の保護者そして教職員が一堂に会する場となる。

誕生会に向けての計画と準備

誕生会は、一年間を通じて行う毎月の園行事と言える。そこで、誕生会を迎えるに当たっての準備は、園としては年度当初に計画を立てるとともに、毎月ほぼ決まった形で行われることを念頭において、季節感等を踏まえてより具体的な計画が立てられている。そこで、本園で行っている計画と準備についてポイントとなる事柄を説明してみる。

①各月ごとの誕生日の確認　まず、大切なことが各クラス、年少、年中、年長ごとの誕生日の確認である。当然のことであるが、誕生月日を正確にしておくことと、各クラス及び園全体での月ごとの誕生会を迎える人数を確かめ、毎月誕生会が開催できるか、二カ月をまとめて（八月生まれの場合は、七月生まれと同時に開催することが多い）開催した方がよいかなどを確かめる。

②担任からの「誕生カード」　担任の手作りによる一人ひとりへの「誕生カードづくり」は、慌ただしい毎日のためについ忘れがちになりやすい作業の一つである。そこで、予め二カ月分をまとめえておくなどの工夫がみられる。そして、カードには、担任と園長が一人ひとりにあてた「ひとこと」を記述して作り上げる。そこには、誕生月の園児と担任と園長の記念写真を貼って完成である。

③年度当初に用意しておく記念品等　誕生月の子どもに贈るメダイを年度当初購入しておき、教員がリボンを通して首にかけられるようにしておく。メダイは、図柄、大きさ、価格などを参考に年度当初にその年の園児数に基づいて購入しておくとよい。また、誕生会は、第一部「全員による集い」、第二部「各保育室で行う集い」から計画されるが、そこで全員でいただくおやつの準備を事前にしておく（その際、食物アレルギーの問題に対応するために、あらかじめ食物成分表で周知しておく）。

④年長児による会場準備等　「全員による集い」の会場づくりは、年長の園児が行う。また、廊下壁面、会場、保育室内にはその時期に相応しい手作りの飾りを計画しておき、教員と年長児で準備を行う。

⑤誕生月の園児に贈る花の選定　誕生会の帰りに誕生を迎えた園児へ季節に相応しい花を一輪プレゼントするが、その花や会場を飾る花をあらかじめ準備しておく。花は季節により、天候により種類が決められるので月ごとに準備することが必要である。

⑥合唱する歌などの選定と練習　「全員による集い」でお披露目する合唱を、年少、年長それぞれで練習しておく。これらが園全体での準備である。

⑦各担任による準備　さらに、各担任は、各保育室で行う準備をしておく。本園は、二年保育であり、年長（五歳児）は、担任からの祝いの言葉と併せて、保護者から年長さんになってこんなことを努力しているという成長の様子をクラス全員に聞かせている。また、年少児（四歳児）は、担任からの祝いの言葉に続き、保護者から生まれた頃の写真を全員に見せながら、その頃の様子、小さい頃のエピソードなどを話している。いずれにしても、親がどのように子どもを大事にしてきたか、病気などのときはどんなにか心配したかなどを子どもに聞かせ、子ども自身に自分が大きくなるためには、父母や家族など大勢の人が自分を大切に育ててくれたことを感じ取る場となるように誕生会を計画する。

自分の成長に気づくために

担任は、日頃からすべての子どもとのコミュニケーションを取る努力と工夫を重ねているが、すべての子ども一人ひとりが主役となる誕生会は、全員の前でその子どものよさ（努力していること、何気なく行っている親切、大勢の友だちとの関わりなど）を評価し、その子どもの持つよさを他の園児に広めるよい機会でもある。それだけに、小さな頃の情報やエピソードなどを保護者から聞いておくことも大事な準備である。また、その子どもの絵や工作などをあらかじめ用意しておき、単なる話に終わらせない工夫も大切である。教師の一言が、保護者の一言が小さな心に思わぬ灯をともすことがある。

また、誕生日は、自分自身の成長をその年齢に即して考える場面としても位置づけたい行事でもある。そこで、保護者が写真を見せながらの話もよいが、初めて歩いたときにはいた靴、小さい頃なかなか手から離さなかったお人形、お気に入りだったタオルなど、実物を紹介しながら親の思いを伝えることも大切である。また、担任が見せる子どもが入園して初めて描いた絵や初めて作った工作の写真などは、子どもをそのときの気分にさせてくれ、何よりの自分の成長を振り返るきっかけにもなるものであり、担任ならではの心遣いと受け止めることができる。

縁の下の努力を　小学校からは上級生と下級生などのように互いを意識していくが、幼稚園・保育園の段階ではそうした見方はせずにあまり年齢に関係なく、互いに仲良く過ごしている。これは、大切にしたいことであるが、時に、年長児をお兄さん、お姉さんという見方をして、来年は自分が今お世話している役をするのだというあこがれや期待感を持たせることも大切なことである。そこで、誕生会の「全員による集い」で誕生月の園児が少ない月には少し時間にゆとりも生まれるので、たとえば、年長児による園児が座る椅子、保護者が座る椅子などの誕生会会場づくりの様子、司会や教員のお手伝いをして装飾づくりをしている様子など、誕生会開催に向けての年長児の各係としての活動場面をビデオで紹介するなどの工夫も大切にしたい。

誕生会をどのように位置づけるか　誕生会をその月の誕生日の子どもを祝うとだけ位置づけている園はないと思うが、当然園全体のお祝いである。一年間ですべての子どもに誕生会は巡ってくるが、園全体が集まる行事として、年長児の活躍を年少児がしっかり受け止めるために、たとえば、会場づくり、壁面飾りや片付けの様子をビデオに録画しておき、「今日の誕生会がこんなに素晴らしくできたのも、その準備をしてくださったお兄様やお姉様の力があります。みなさんで年長のお兄様・お姉様に心からの拍手を送りましょう」と言うように紹介して、全園児の前で褒めることも大切である。年少児たちにとっては、誕生会が楽しくできたのはお兄さんやお姉さんのおかげだと気づくようになる。また、年長児にとっては、さまざまにお手伝いをしてきたことで、みんながこんなに喜んでいるというように、自分の行動が他の人に役立っていると実感する場面となる。いずれにしても、誕生会を園の特色を示す行事として大切にすることは、園の特色づくりに通じることを肝に銘じたい。

〈幼稚園・保育園〉誕生会で心がけること

学校法人暁星学園暁星幼稚園長　**佐藤　正吉**

誕生会の意味　なぜ、幼稚園や保育園が誕生会を大切にするのか。それは、子ども一人ひとりをかけがえのない存在として大切にすることを、すべての保育・教育活動の基本としているからである。

このことは、「われらは、日本国憲法の精神にしたがい、児童に対する正しい観念を確立し、すべての児童の幸福をはかるために、この憲章を定める。児童は、人として尊ばれる。児童は、社会の一員として重んぜられる。児童は、よい環境のなかで育てられる」（昭和二六年五月五日　児童憲章より）として高らかに謳われていることにも通じる。

この児童憲章の文言は、子どもを育てるに際しての理念として、すべての人々が捉えておきたいことである。そのうえで、「誕生会の意味」を考えてみる。それは、「誕生会」を単なるセレモニーとして捉えるのではなく、園としての保育、教育活動の反映として位置づけられているという視点で考えることが大切であることを示している。

①心身ともに健やかに　児童憲章一号には、「すべての児童は、心身ともに健やかにうまれ、育てられ、その生活が保障される」とあり、すべての子どもの誕生に際して、喜びによって迎えられたことを知らせ、一人ひとりの子どもをかけがえのない存在であると受け止めることこそが「誕生会」の土台となる考え方であると言えよう。そのためにも、園のすべての子どもに対して全園児、保護者、教職員が心から祝うという雰囲気を持たせる会でありたい。また、たとえば、年間の計画で、広く世の中には飢餓や戦争で食べることにも苦労している子どもや命が危険にさらされている子どもが多くいることを考えさせている園では、そうした子どもに対してどのようなことができるかを考える機会として

も捉えることができよう。

②**かけがえのない存在**　全園児一人ひとりがかけがえのない存在であることを、日常の保育及び環境整備のなかで明確にしておくことが重要である。たとえ高価なプレゼントや花束を用意しても、形だけのものであってはならない。園として、日常的に子どもをかけがえのない人間として育んでいる姿勢が裏付けとなっているかが大切である。また、教職員が祝うという形式だけではなく、ぜひ全園児、誕生月の子どもの保護者もともに喜びを表す誕生会であってほしい。もちろん、園によっては、保護者が、誕生会に参加することができないことも考えておきたい。たとえば、「わが子への手紙」を用意してもらいプログラムに「おうちの方からの言葉」として担任が読むよう計画しておくことも考えておきたい。園としての運営方針や教育目標が具体化された誕生会にするためには、園の特徴、指導の重点などが誕生会の全体の雰囲気、会次第、園長の話の内容などで明確になっていることが望ましい。

誕生会の準備　年間の行事計画で誕生会は毎月計画されていることが多い。その計画に基づいて、あらかじめ準備をしているが、開催に向けて共通して理解しておきたい事柄について何点かを示す。また、園の規模によっては、各保育室で計画する場合や、誕生日を迎えた子どもに、「○○ちゃん、○歳おめでとう」というように、一人ひとりの誕生祝いを計画する場合などさまざまであると思うが、そうした園の実態に即して計画することが望ましい。

①**誕生会の服装**　誕生会と言っても、普段通りの園での服装で参加させるが、ボタンなどがとれていないかなどはあらかじめきちんとさせておきたい。とくに、誕生月の子どもはみんなの前に立つことから、髪の毛をきちんととかしておくことや服装をしっかりさせておくなどにも心配りをしたい。教職員も、いつもの園での服装より少し改まった装いが望ましい。何も特別な服装をすることではなく、誕生会を迎える子どもにちょっぴりの緊張感を持たせることも「晴れの日」の心得というものである。

②**誕生会に参加する保護者**　わが子の誕生を園全体でのお祝いという形で祝ってくれるのが誕生会であり、わが子の

誕生についてどのようなことを他の子どもに話すことが相応しいのかをあらかじめ担任と話し合っておくとよい。話す時間、準備しておくことがよいもの、学級としてどのようなことを話してほしいのかなどを担任と打ち合わせ、簡単に準備をしておきたい。その際、他の子どもへの特別なプレゼントなどはけっして用意しないことが前提である。親として、日頃から親しくしてもらっていることに感謝の気持ちを表したいからという思いも、分からないではないが、それは個人的な場でのことである。それより、必要に応じて子どもの赤ちゃんの時の写真、小さい頃の絵などわが子の紹介に使うものを用意することが望ましい。

③会場づくり　会場を、全体で祝う会場と各保育室で祝うクラスごとの会場とにわけて計画する。全体会場は、誕生日を迎える子どもが中心となるような場所を決めておくこと。また、季節を感じさせる草花、子どもの作品などをさり気なく装飾としておきたい。司会者や係の場所、教職員、園児、参加する保護者の椅子も年長にあらかじめ準備させておき、年長としての役割を大事にしておきたい。その他、会場の広さを考えれば、マイク等の準備なども必要と考えられる。いずれにしても、会場という名の環境づくりは重要である。

また、各保育室で行うクラスでの誕生会が、参加するすべての園児の喜びと、互いへの親しみをもって進行できるように保育室の飾りを整えておきたい。春夏秋冬の季節感を出したり、幼稚園での日常の遊びの楽しさを大きく描いたりするなどの掲示物の工夫、式次第を子どもと一緒に作成して掲示するなどの活動を通じて、誕生会をクラスの子ども同士が互いにより仲良くなるきっかけづくりであったり、クラスというより大きな集団との関わりを深めていくことにつなげたい。さらに、近くの小学校などから生活科の授業の一環として「秋祭りをしよう」などの単元で小学生から招待を受けて経験したゲームづくりなどに応用することも実践の広がりとして可能になる。

年長児の活躍の場面　毎回の誕生会は、ほぼ同じような進行計画に基づいて実施されることが多い。そこで、年長児の活躍する場面を計画的に提供することで、子どもに年長としての自覚を高めるための一環として活用できる。会場づくりでも述べたが、年長児にみんなのために仕事をしていることの自覚を持たせるためには、司会係、プレゼント渡し補助係、会場装飾係など加重な負担にならない程度の役割分担をすることで、年少児などへは、次の自分たちの係としての目当てを伝えることにもなる。こうした配慮は、年長児への自覚をもたらすとともに、年中児・年少児には目標をもたせることで「幼稚園の伝統」となっていくということにもつながる。

誕生会で心がけたいこと

誕生会には、その幼稚園・保育園の教育目標や保育方針が具体化されていると言ってよい。つまり、園として、園児・家庭・地域の実態を踏まえ、園としての子どもの成長に向けての考えが現れるからである。年に一回の園行事である運動会や劇遊びの会なども同様であるが、毎月一回行っている園行事だからこそよりその園らしさが出てくると言える。本園では、毎月の誕生会に、誕生月の園児の保護者を招待しているが、招待はしない場合でも園で行っている誕生会の様子を、「カード」「写真」「ひとこと」などで、誕生月を迎えた園児の家庭に伝えることは園と家庭の連携の意味からも大切なことである。それは、園と家庭がともに一人ひとりの子どもをしっかりと見守り大切にしていることの現れと言える。

環境は、とくに幼児期の子どもの成長に大きな影響を与えると言える。一人ひとりの子どもの誕生を祝う園としての取り組みの姿勢は、互いを大切にするという子どもの人間関係を創り出すことにつながるであろう。また、周囲の園児による誕生月の子どもを祝う歌や言葉は、どんなにか心に残るものになるであろう。加えて、園長の話と読み聞かせや毎回の手品などの楽しみは、誕生を祝うことの本当の意味を感じ取ることになるであろう。さらに、担任による誕生月を迎えた子どもへの「ひとこと」は、いかに自分が大切にされているかということを改めて感じ取るひとときになると言える。人は周囲から祝福されてこの世に生をうけたのである。

このように、誕生会の意味を捉えるならば、誕生会は、その幼稚園・保育園の文化であるという意味を改めて噛みしめることができるであろう。

1年間の誕生会
園長あいさつ実例と解説

1年間の誕生会は，毎月，子どもの成長について，学校と保護者が一緒にお祝いをし慶ぶ行事として，園にとっても，園長にとっても，大事なイベントとなっています。4月から3月までの誕生会は，その月ごとの特色を反映し，さまざまな出し物の工夫や運営の工夫がなされ，保護者とのコミュニケーションを図り，学校と家庭が共同して子育てを進めるための貴重な場となっています。各月ごとの誕生会について，月ごとの出し物・運営の工夫を具体的に示すとともに，あいさつ例を掲げ，あいさつを進めるうえでの留意点についても解説していきます。

誕生会園長あいさつ実例と解説①

白梅学園大学附属白梅幼稚園長　山形美津子

あいさつの概要・誕生会の流れ

①司会者（年長組）が前に出て、「はじめのことば」を言う→②誕生児の紹介→③誕生児へのインタビュー（名前と好きな食べ物、好きな遊び等）→④保護者にも前に出てきてもらい、我が子の素敵なところをひとこと話してもらう→⑤誕生会の歌をみんなで歌う→⑥子どもの手作りのプレゼントを渡す（ペンダントや冠等）→⑦園長の話→⑧誕生児のことば（誕生児がみんなにお礼を言う）→⑨司会者（年長組）が前に出て、「終わりのことば」を言う

あいさつ実例

⑦　みなさん、おはようございます。今日は、四月生まれのお友だちをお祝いするお誕生会です。幼稚園に入ったお友だちにとっては初めてのお誕生会ですね。幼稚園では、これから毎月お誕生会をします。幼稚園に通っているみんなのお誕生日をお祝いする

あいさつの留意点

●誕生会を行う意味について

四月はその年度初めて

ためです。嬉しいですね。五月も六月も七月も……来年の三月までです。

皆さんが生まれたときは、お父さんやおかあさんはもちろん、おじいさん、おばあさん、周りの人々も、とても喜びました。皆さんがお母さんのおなかのなかに入っているときは、「まだかな、もうすぐかな」と、とても楽しみにしていました。ですから、やっと生まれたときは、周りのみんなが幸せな気持ちになりました。そして、「どんな名前にしようかな」と、一所懸命に考えて、名前を付けました。皆さんが生まれて初めてもらったプレゼントは、皆さんの『名前』でしょう。どの子の名前にも特別な意味が込められているのです。「優しい子になってね」という気持ち、「元気な子になってほしいな」という気持ち、「いつも明るい子になってほしいな」という気持ちなど、お父さんやお母さんの気持ちが皆さんの名前に込められています。だから、皆さんは、自分の『名前』を大切にしましょうね。

時々、お友だちのことを「おーい、ひろき」なんて呼び捨てにしている声を聞くことがあります。お名前を一所懸命考えたお父さん、お母さんが聞いたらがっかりしますね、呼ばれた人もいやな気持ちになりますね。お友だちを呼ぶときは「ひろきさん」とか「はなこちゃん」と言ってくださいね。

さあ、四月生まれのお友だち、「お誕生日おめでとうございます」。四月に生まれたお友だちは、幼稚園では一番のお兄さん、お姉さんです。それはこの中で一番早く生まれたからです。一番のお兄さんお姉さんらしく、周りのお友だちや小さい子にも優しい人になってくださいね。


の誕生会なので、これから毎月行うことも含め、誕生会を行う意味をはじめに話す。

●子どもが司会をすることへの配慮

年長組の子どもが司会をするときに緊張感を減らし、話しやすいように会場の子どもたちを手遊びなどでひきつけ、静かにさせる。（担任）

●インタビュー

誕生児がうまく言えないときは、担任がフォローするように、あらかじめ、打ち合わせをしておく。

保護者の話を聞くこと

園長先生が今、持っている「花飾り」は、シロツメクサで作った花飾りです（手にシロツメクサで編んだ花飾りを持つ）。四月の野原には、「シロツメクサ」が咲いていますよ。園長先生も小さい頃に「シロツメクサの花かざり」を作って遊びました。「シロツメクサ」は、オランダという国から来た草花だと言われていて、「クローバー」とも言います。そのなかで四枚葉っぱが付いている四葉のクローバーは、幸せを運ぶとも言われています。見つけたことがある人もきっといると思います。四月はとてもいい季節です。園庭や野原で「シロツメクサ」を探してみてね。とてもかわいい花ですよ。ここにいる四月生まれの皆さんは、たくさんお友だちと遊んで、これからも元気にすくすく大きくなってくださいね。

そして、年長組になって初めての司会をしてくれている年長組のお友だち、今日は司会を頑張っていますね。みんなの前で司会をするのは緊張すると思いますが、とても上手にできていますよ。これから毎月、順番にみんながしてきるようによろしくお願いします。

皆さんの幸せを願って、園長先生のお話はおわりです。

⑧ 誕生児がみんなにお礼を言う。「今日はお祝いしてくれてありがとうございました」等、その時に誕生児が考えた言葉を一緒に言う。

⑨ 司会の子どもが終わりの言葉を言う。

で誕生児のよさが伝わるようにする。

●両親の願いについて

名前に対する両親の思いと名前を大切にすることについて話す。

●四月生まれの特徴

四月生まれは、一番先に生まれた子どもであることを意識させ、やさしさに結び付けていく。

●四月の季節のことや自然の話をする

シロツメクサの実物を見せて、子どもにとって身近な自然の話をする。

●誕生会へのお礼

誕生会をしてくれたことへの感謝の言葉を言う。

§1　4月の誕生会園長あいさつ実例と解説

誕生会園長あいさつ実例と解説②

東京学芸大　学芸の森保育園長
真木千壽子

あいさつの概要・誕生会の流れ

①（誕生月の園児入場）はじめの言葉→②誕生会の歌をみんなでうたう→③誕生児の紹介→④誕生児へのインタビュー（名前・何歳になったか、好きな食べもの等）→⑤プレゼントを渡す（クラス担任から誕生カード等）→⑥園長からお祝いの言葉→⑦保護者にお祝いの言葉→⑧誕生児は席にもどる→⑨先生によるお楽しみのプレゼント（ペープサート）→⑩誕生会終了。園児はクラスにもどる

あいさつ実例

⑥　四月生まれのお友だち、お誕生日おめでとうございます。

⑦　そして、保護者の皆様、お子様のお誕生日おめでとうございます。

初めての集団生活に入ってから、一カ月がたとうとしております。

誕生日のお喜びもひとしおかと思います。

当園では、毎月一回その月に誕生日を迎える園児たちを対象に「お誕生会」を実施しており、保護者の方にも参加して頂いております。

内容としては、誕生日の歌をうたったり、プレゼントを頂いたり、先生方の楽しい出し物を見たり、親子でゲームを楽しんだりします。

お家の人から、生まれた時の思い出やエピソード・家での様子などを話して頂くコーナーもあります。その話のなかで「あなたが生まれた時はこんなことがあったのよ」「こんなふうに大きくなったのよ」と、思いだしながら想いを言葉にすることで、お母様ご自身もその当時の気持ちを思い出し、抱きしめてあげたい程の愛おしさがわきあがってくると思います。元気に健やかに育ち、今ここに誕生日を迎える我が子を前に人生の喜びを分かちあいながら、「うまれてきてくれて、ありがとう」という気持ちを再確認できる大切な機会にもなります。

子どもにとっても、誕生会は、自分はお父様やお母様や友だちにもみんなに愛されている「認められている」という思い（自己肯定感）を確認することができるよい機会になります。こうして育まれる「生きる力の源」は、これから学校や社会に出る時

あいさつの留意点

●入園してまだ日が浅いので、長時間かかる誕生会はさけるようにする。

●子どもにとって、誕生日は、一つ大きくなれて嬉しいと感じる日。

●その日をみんなで祝ってあげられるようにする。

●全体の流れは、わかりやすい内容にして簡単なものにする。

●誕生日を迎える園児がわくわくできるように、また、誕生日以外

の大きな力になります。

これから一年を通して、さまざまな園の行事や楽しいことがたくさんあります。そして、お母様の就労をお手伝いするために、お子様をしっかりお預かりして参ります。今後共、ご協力をよろしくお願い致します。

本日は、お誕生日おめでとうございます。

の子どもたちも一緒に喜んであげられるように、気持ちを大切にしていく。

●だしものは、ペープサートなど、全体の集まりに期待がもてて楽しめるものにする。

●誕生会は、自分が愛されていることを確認できる一つの機会になるので、そのような文言をメッセージのなかにも入れるようにする。

誕生会園長あいさつ実例と解説①

白梅学園大学附属白梅幼稚園長　山形美津子

あいさつの概要・誕生会の流れ

①司会者（年長組）が前に出て、「はじめのことば」を言う→②誕生児の紹介→③誕生児へのインタビュー（名前と好きな食べ物、好きな遊び等）→④保護者にも前に出てきてもらい、我が子の素敵なところをひとこと話してもらう→⑤誕生会の歌をみんなで歌う→⑥子どもの手作りのプレゼントを渡す（ペンダントや冠等）→⑦園長の話→⑧誕生児のことば（誕生児がみんなにお礼を言う）→⑨司会者（年長組）が前に出て、「終わりのことば」を言う

あいさつ実例

① はじめの言葉（これから五月のお誕生会を始めます）年長組

② 司会の年長児に名前を呼ばれて誕生児が前の台の上に立つ

③ インタビュー（名前、好きな食べ物、好きな遊び等、年齢に合わせた内容を聞く）

④ 保護者に我が子の素敵なところを話してもらう

あいさつの留意点

●誕生会を行う意味について

五月は「子どもの日」があるので、鯉のぼりを

⑤　誕生会の歌をみんなで歌う
⑥　クラスの子どもたちからの手作りプレゼントを渡す
⑦　園長の話

みなさん、おはようございます。今日は五月生まれのお友だちをお祝いするお誕生会です。今日は幼稚園のお庭に年長組さんが作った鯉のぼりが元気に泳いでいます。鯉のぼり誕生会ですね。

鯉のぼりと言えば、年長組さんは自分たちでどんな鯉のぼりを作ろうかと一所懸命考えて作りましたね。

年長組さんが作った鯉のぼりは、年少さんや年中さんが作った鯉のぼりよりもずっと大きいですね。あんなに大きな鯉のぼり、一人じゃ作れないですね。年長組さん、どうやって作ったの？（子どもの声……友だちと〜）そうか、友だちと一緒に作ったのね、一人であんなに大きいものを作るのは大変だものね。何人くらいで作ったのかな？（グループで）四人とか五人で作ったのね。年長組さんはグループのお友だちと考えをだし合って力を合わせて作ったのですね。素晴らしいです。年中組さんも年長組になったら大きな鯉のぼりを作ってみたいですね。

さて、その鯉のぼりですが、昔から男の子が生まれると、そのおうちの前に高い木を立ててお空に向かって鯉のぼりが元気に泳ぐように、鯉のぼりを立てたんですよ。「この鯉のぼりのように元気な子に育ちますように」っていう願いを込めてね。

今は、五月五日は「子どもの日」として「男の子も女の子も幸せを願ってお祝いする

話題にする。

●保護者に我が子の素敵なところを話してもらうことでその子のよさを伝える

●年長組の鯉のぼりについて

とくに年長組の子どもが作った鯉のぼりを話題にすることで年中組が年長組への憧れの気持ちをもつ機会とする。

●「子どもの日」について

現在は男女問わず、子どもたちの健康と幸せをみんなが願っているということを話し、一人ひとりが大切な存在であるこ

日」となりました。皆さんが毎日元気でいてくれること、みなさんが大きくなっても幸せでいてくれることをお父さんやお母さんは願っています。みなさんが、五歳、六歳になるまで、毎日ご飯を作ってくれたり、病気にならないようにお世話をしてくれたりして育ててくれたお父さん、お母さんに感謝しましょうね。

そして、今日は、どうして「子どもの日」に鯉のぼりを立てるようになったのか、お話ししますね。

中国という国の昔のお話です。鯉という一匹のお魚が川を泳いでいて滝を見つけました。鯉はこの滝を登って生まれた川に帰りたいと思ったのです。でも上から流れてくる滝はとても勢いが強くてなかなか上ることができません。鯉は何度も何度も挑戦して、自分が持っているすべての力を振り絞って一所懸命流れる滝の上まで登ることができました。

登り切ったところは、鯉が生まれた故郷でした。頑張って登り切った一匹の鯉は、龍になって大空に飛んでいったということです。鯉は大変なことをあきらめないで最後までやり遂げたので、龍になったそうです。ですから、鯉は素晴らしい魚と言われています。皆さんも空に泳いでいる鯉のように頑張り屋さんでいてくださいね。

五月生まれのお友だち、お誕生日おめでとうございます。

⑧ 誕生児からのお礼の言葉

⑨ 終わりの言葉（年長組司会の係）

とを伝える。

●鯉のぼりを飾る意味について

鯉のぼりを飾る由来について、中国に由来する話として子どもにわかりやすく話す。最後まであきらめないでやり遂げる強い心をもつように話をする。

●誕生児からのお礼

誕生児にはお祝いしてもらったことへの感謝の気持ちをもってもらいたいので、誕生児がみんなでお礼を言うようにする。

§2　5月の誕生会園長あいさつ実例と解説

誕生会園長あいさつ実例と解説②

東京学芸大　学芸の森保育園長
真木千壽子

あいさつの概要・誕生会の流れ

①（誕生月の園児入場）はじめの言葉→②誕生会の歌をみんなでうたう→③誕生児の紹介→④誕生児へのインタビュー（名前、何歳になったか、好きな遊び等）→⑤ケーキの登場（ハッピーバースデーのうたをうたう）園長の話を聞く→⑥先生からのプレゼント（担任が抱っこ・おんぶをする）→⑦友だちから誕生カードやメダルを首にかけてもらう→⑧席にもどる→⑨先生方の劇を観る→⑩誕生会終了、園児はクラスにもどる

あいさつ実例

⑤　五月生まれのお友だち、お誕生日おめでとうございます。

よい季節を迎えて、少しずつ園の生活にも慣れてきたころだと思います。

さて、五月は男の子の節句があって、こいのぼりを立ててお祝いをしますね。

保育園でもみんなが作った「こいのぼり」が、園庭で元気に泳いでいます。

そのこいのぼりには、こんなお話があります。

鯉という魚が三段の滝を越えて龍になり天に昇るお話です。このお話と同じように、子どもが立派に成長して出世することを祈って、こいのぼりを立てるものだと言われています。

中国という国でも、男の子の立派な成長を祈って「こいのぼり」を大切にするそうです。三段の滝を昇りきるようなたくましい子どもになってほしいという願いが込められています。

○○ちゃんも、○○ちゃんもお誕生日おめでとうございます。
みんなでお誕生日おめでとう！　を言いましょう。

お誕生日のお友だちも、これから大きく、たくましく、心のやさしい子どもになって下さい。

あいさつの留意点

●あいさつは、子どもが理解できる簡単な内容にする。
●インタビューの際には年齢や子どもの様子をみながら、質問の内容を変えたり、言葉を添えるなど配慮をする。
●先生からのプレゼントで抱っこしたり、おんぶしたり会場をひとまわりするなど、見ている子どもたちも楽しめる工夫をする。
●誕生日は、毎月その月に生まれた子どもたちの誕生を祝う会です。お母さんを招いて会に

保護者の皆様

五月生まれのお子様のお誕生日おめでとうございます。

ここにお祝いの言葉をお伝えしたいと思います。

進級や入園からもうもう一カ月が過ぎました。この間、子どもたちにとっては緊張の連続であったように思います。

お母様と別れる時に泣いていた子も、だんだん保育園の生活に慣れてきて、日増しに不安や緊張もとれ、元気に遊ぶ姿がみられるようになりました。

日頃から、子どもの話をよく聞いてあげて、休日は混雑しているような場所への外出を避けたり、早寝をさせるなどお子様の健康管理に十分に気をつけて下さい。

五月は、こどもの日の集いや、親子遠足など楽しい行事がたくさんあります。親子で身体を動かして元気に楽しみましょう。

本日はお忙しいところご来園いただきまして、ありがとうございました。今日一日、お子様と一緒に楽しいひとときをお過ごし下さいますように、お願いいたします。

参加してもらい、「誕生」という意味と「成長」ということが少しずつはっきりするように伝えていく。

●○○ちゃんの赤ちゃんの時のエピソードを話していただくのもよいことです。

●保護者への話の留意点として、心からのお祝いと、忙しい中、誕生会に参加して下さったことに謝意を表す。

●誕生会を、我が子を慈しむ気持ちの再確認の場として、また、子育ての原点としてとらえていただくようにする。

誕生会園長あいさつ実例と解説①

白梅学園大学附属白梅幼稚園長　山形美津子

あいさつの概要・誕生会の流れ

①司会者（年長組）が前に出て、「はじめのことば」を言う→②誕生児の紹介→③誕生児へのインタビュー（名前と好きな食べ物、好きな遊び等）→④保護者にも前に出てきてもらい、我が子の素敵なところをひとこと話してもらう→⑤誕生会の歌をみんなで歌う→⑥子どもの手作りのプレゼントを渡す（ペンダントや冠等）→⑦園長の話→⑧誕生児のことば（誕生児がみんなにお礼を言う）→⑨司会者（年長組）が前に出て、「終わりのことば」を言う

あいさつ実例

⑦　園長の話

みなさん、おはようございます。今日は、六月生まれのお友だちをお祝いするお誕生会です。六月ってどんな月かな。六月のことを考えてみましょう。

日本には春夏秋冬という季節がありますね。春夏秋冬のある国は世界のなかではたくさんはないのですよ。日本は、春夏秋冬があって幸せな国なのです。

ところで、六月は、日本では春から夏に季節が移り変わる時期です。そして、雨がたくさん降る梅雨（つゆ）の時期でもあります。梅雨（つゆ）って知ってますか？（子どもの反応に合わせて）そうです。梅雨には雨がたくさん降ります。みなさんは外で遊べなくてつまらないですね。お母さんもお洗濯物が渇かなくて困ります。でも、雨が降ると嬉しい人や生き物もたくさんいるのです。雨が降らないと困る人もいます。さあ、誰でしょうか？（子どもの反応に合わせて）今頃、お米を作っている農家の人は五月に植えた稲がうまく育つかな、雨が降ってお米がグングン育ってくれるといいなあと思っていると思います。

お米が大きく育って、みんなが白いご飯を食べられるようになるためには、雨の力が必要なんです。畑の野菜や田んぼのお米は雨が栄養なんですね。雨が降らなくてお天気の日ばかりが続くと田んぼも畑もカラカラになって大きく育ちません。毎日でなくても時々、雨が降ってくれることが大事です。

それから雨が大好きな生き物もいます。（子どもの反応を見る）そうです。雨が降

あいさつの留意点

●司会の係について

三回目の誕生会となるので、司会の係の子どもの頑張りを認める言葉を掛ける。

●保護者に我が子の素敵なところを話してもらうことでその子のよさが伝わるようにする。

●六月の季節のことや自然の話をする

梅雨のことについて知らせる。

雨が降ると外遊びができなくてつまらないけれど、雨が降らないと困る人や生き物がいることに

るとよく見かけるカタツムリです。カタツムリは、お天気の日ばかり続くと背中の殻がからからに乾いてしまい、背中の殻から出てくるのが大変です。雨が降って殻が濡れると動きやすくなるのですね。他にもいますよ。（子どもの反応を見る）そうそう、みんなが大好きなカエルさんですね。カエルさんもお天気ばかり続くのは嫌いみたいです。体が雨のお水で濡れると元気になっていろいろなところにお散歩したり、エサを捕まえにいったりするようです。どんなエサなのかな、どんなところにお散歩に行くのかは、みんなも絵本や図鑑などで調べてみてください。

梅雨の終わり頃になると、こんなすてきなものが実ります。（本物のほおずきを持ってきて見せる）。「ほおずき」が真っ赤な額に包まれてまんまるの実をつけます。「ほおずき市」という縁日も開かれたりします。ほおずきのの赤い色は「雷除け」とも言われています。昔の人はいろいろなことを考えたのですね。

六月は、雨が多くていやだと思っている人もいたと思いますが、「雨」は人間や他の生き物にとってとても大事なものなのです。六月生まれの皆さんも雨に負けず、お部屋のなかでも遊べる楽しいことをいっぱい考えて元気に過ごしましょうね。お話をしっかり聞いてくれてありがとう。これで、園長先生のお話を終わります。

⑧　誕生児がみんなにお礼を言う（今日はお祝いしてくれてありがとうございました）等、その時に誕生児が考えた言葉を一緒に言う。

⑨　司会の子どもが終わりの言葉を言う。

気付かせる。子どもに問いかけて、雨の好きな生き物を考えさせる。

●**生き物について**

生き物の生態について は自分でも調べるよう促 していく。

●**季節の風物詩について**

「ほおずき」というこの時期の日本の風物詩について触れる。実物を見せることで子どももどんなものか実感できる。

●**遊びの工夫について**

梅雨時の遊びを工夫することを投げかけて子どもに考えさせる。

§3　6月の誕生会園長あいさつ実例と解説

誕生会園長あいさつ実例と解説②

東京学芸大　学芸の森保育園長
真木千壽子

あいさつの概要・誕生会の流れ

①（誕生月の園児入場）はじめの言葉→②誕生会の歌をみんなでうたう→③誕生児を呼び前に出る（〇歳児クラスから）→④誕生児へのインタビュー（名前、年齢、将来の夢等）→⑤手づくりの誕生カードとメダルのプレゼントを渡す（年長児は友だちが渡す）→⑥自分の席にもどる→⑦各クラスから歌のプレゼント（三～四歳はその場に立ってうたう、五歳はステージに立ってうたう）→⑧園長の話を聞く→⑨先生からのプレゼント（職員劇を観る）→⑩誕生会終了、園児はクラスにもどる

あいさつ実例

⑧ 六月生まれのお友だち、お誕生日おめでとうございます。
そして、保護者の皆様、お子様のお誕生日おめでとうございます。

これは紫陽花というお花です。ピンク色や紫色・水色など淡い色が優しくきれいですね。このお花は梅雨と言って雨が多い六月にきれいに咲く花です。

この六月の雨は、お米や野菜・果物が育つにはとても大切な雨です。人が生きていくための飲み水や、汚れた洋服を洗濯する水、お風呂やトイレで使う水にもなります。

この梅雨の季節は、大事な役割をもっているパワーのある季節です。この素敵な六月に生まれた皆さんは強いパワーのある元気な子どもです。

何にでもチャレンジして大きくたくましく育って下さい。

保護者の皆様、お子様のお誕生日おめでとうございます。

本日はお忙しい中でのご来園ありがとうございます。

〝三つ子の魂百まで〟と、よく言われますが、たしかに、三歳という年齢は、成長の一つの大きな節目のように思います。いつまでもごねていてききわけの悪かった子も、理由が納得できれば自分の感情を押さえられるようになります。

恐がりも泣き虫も甘えん坊も、少しずつ自分がわかるようになってくると、「ガマンしてみようかなぁ」という気持ちが芽生えはじめます。

あいさつの留意点

●誕生児の人数により時間配分を工夫する。全体で三〇～四〇分ぐらいで終わるように配慮する。

●誕生児が多い場合は、要点をまとめて話すなど工夫をする。

●インタビューでは、誕生児の普段の様子やエピソードなどを話したり、他児が誕生児に関心がもてるようにし、友だち意識を育んでいく。

●六月は気候的にもむし暑く集中力がにぶる時期なので、子どもたち

2017年3月刊行
[編集]教育開発研究所
A5判／152頁／定価(本体2,000円＋税)

- 入園式／卒園式／進級式
- 始業式／終業式／修了式
- 運動会／音楽会／発表会
- 保護者会／誕生日会／他

§1 幼稚園入園式の園長あいさつ・式辞

幼稚園入園式の園長あいさつ・式辞③(「今日から幼稚園の仲間だよ！」)

東京都港区立麻布幼稚園長　大島　美知代

あいさつ・式辞の構成

①新入園児に言葉をかけ、あいさつする→②自分の胸の学級名札の色を覚えさせ、元気に返事をさせる→③ご来賓に御礼を述べる→④式に参加している在園児を紹介し、返事をさせる→⑤幼稚園が楽しいところだということ、幼稚園の施設の紹介を在園児との対応により知らせる→⑥園長の友だちという動物の指人形が登場し、集中させる→⑦動物・ねずみ君が出て来て、お祝いと「今日から仲間だよ！うれしい！」という話をする→⑧ねずみ君の友だちを紹介しようとするが、動物・ライオン君がまだ来ていないので、一緒に呼んでみようと声をかけ、みんなでライオン君を呼ぶ→⑨やっとライオン君がやって来てお祝いを言い、みんなで仲良くしようと呼びかけ、二匹は帰る→⑩人形劇を見て楽しくなったところで、保護者にも声をかけ、明日からの生活に期待をもたせる。

§2 幼稚園卒園式の園長あいさつ・式辞

幼稚園卒園式の園長あいさつ・式辞③(大きくなったね、おめでとう！)

東京都港区立麻布幼稚園長　大島　美知代

あいさつ・式辞の構成

①卒園児に呼びかけ、春の季節を入れてあいさつする→②ご来賓に御礼を述べる→③今一人ずつに渡した「卒園証書」の意味を理解させる→④本園の教育目標と卒園生の姿を重ね合わせて、幼稚園生活を振り返る→⑤今日は卒園式、最後まで立派な姿を見せようと話す→⑥保護者への御礼の言葉と幼稚園生活を親子で頑張ったことへのねぎらい→⑦最後にお祝いの言葉とまとめ

※本書より一部抜粋して掲載

その気持ちが大事なことなのです。母親と離れてはじめての集団生活のなかで、友だちという存在を知ります。遊びのなかで物を譲ったり、譲られたりして「どうぞ」「ありがとう」などの小さなやりとりから、人としてのコミュニケーション力を身につけていくのです。そんな時にお父様・お母様がお子様の気持ちに寄り添ってお話を聞いて下さると、お子様の感情が豊かに成長し、保育園での集団生活も楽しくなります。そして、自分はみんなに愛されていることを実感したときに、他の子にも優しくできる子どもへと成長していきます。

人間は依存と自立の間を行き来しつつ育つと言われています。つまり、自立の心と甘えの心が交錯して感情のコントロールがうまくできないのが幼児期の子どもの姿なのです。そのようなことも含めて、このお誕生日を機に、自分の子育てを振り返りつつ、これからの子育てに希望をもってお子様との愛情を深めていってほしいと思います。そして、子育てに自信をもちましょう。

子育てや育児のことでご心配などございましたら、いつでもご相談にのらせていただきますのでよろしくお願い致します。

本日は、お誕生日おめでとうございました。

への語りかけもわかり易く短い内容にする。

●保護者への話のなかで、家庭と園が互いに信頼し合い、協力し合うことは子どもの健やかな成長には欠かせないことなど、さりげなく伝えていく。

●子どもの成長・発達のプロセスを伝えつつ、子どもの気持ちに寄り添うことの大切さを伝えるようにする。

●父母の子育ての苦労をねぎらい、子どもの成長の喜びを保育園と家庭で共有できるように伝えていく。

誕生会園長あいさつ実例と解説①

明治学院大学特命教授
前東京都墨田区立立花幼稚園長
田代惠美子

あいさつの概要・誕生会の流れ

※（年長五歳児が誕生会の準備や司会の練習をしたり、園長室に誕生児の保護者を迎えに来たりする。誕生児の保護者が入場）→①年長児によるはじめのことば→②誕生児へのインタビュー→③園長からのおはなし→④園長からのお楽しみ（手品）→⑤園長からプレゼントを渡す→⑥園児からのプレゼントを渡し、誕生児へのお祝いの歌を歌う→⑦保護者からのお話を聞く（小さい頃の思い出について）→⑧お楽しみ（年長児からの出し物ＯＨＰによるクイズ）→⑨今月の歌「やっほっほなつやすみ」をみんなで歌う→⑩おわりのことば→⑪園児退場→⑫誕生児の親子で写真を撮る→⑬終了後、園長室にて誕生児の保護者に対して改めてお祝いの言葉とご来園のお礼を伝える

あいさつ実例

※　年長児に対しては、「ありがとう。今日は素敵な誕生会になるようにお願いしますね。期待していますよ」と声を掛け、誕生児の保護者に対しては、「本日は、ご多用の中、

あいさつの留意点

●事前の際の留意点

誕生会を進行する年長

ご来園いただき、ありがとうございます。お子さんの誕生をみんなでお祝いしたいと思っていますので、ご協力のほどよろしくお願いいたします」と声を掛けておく。

① はじめのことば

おはようございます。② 誕生児へのインタビュー

③ 今日は、七月生まれのお友だちと八月生まれのお友だちのお誕生会です。七月と八月は一年のうちで一番暑いときです。その時に生まれた元気なお友だちが一二人もいます。みなさん、お誕生日おめでとう。今日はおうちの方も来てくださいましたね。おうちの方もありがとうございます。おうちの方からは後でお話をしていただきますが、きっとみんなが生まれたときにとても喜んだことと思います。子どもが生まれるっていうことはとてもうれしいことだからです。そして、大きくなるっていうことはそれ以上にうれしいことなのです。だから、今日は園長先生もとてもうれしいです。それに、ここにいる一二人のお友だちはみんな元気でパワーをいっぱいもっているからです。今、年長組のみんなが育てているナスやピーマンなどの夏野菜も、年少組さんが育てているミニトマトもみんな太陽が大好きで、仲良しだから大きく育っていますね。七月・八月生まれのお友だちも、生まれたときから太陽さんと仲良しだったから、プールで遊んでいるときもお部屋で遊んでいるときもいつも元気で明るくパワーがいっぱいなんです。素敵なことですね。それともう一つ、みんなが育てているひまわりの花がありますね。いまはまだみんなより小さいですが、これからもっともっと太陽の力をもらって大きくなっていきます。きっとみんなの背よりももっと大きくなると思います。ひまわりは太陽の花と呼ばれています。七月・

児が自信をもって行えるように時間や場を設定したり、誕生児や保護者も緊張感のないように声を掛けたりしておく。

●教師間の連携

スムーズな進行が行えるように準備するものを確認しておく。

●園児向けの話の留意点

その月らしい話題を提供する。自分たちの活動と絡ませ、夏らしさを感じさせるような内容とする。分かりやすく、短くをモットーとする。これから先の目標ももてるように方向付けていく。

●園長のお楽しみ

八月生まれのお友だちもひまわりみたいにもっともっと大きくなってますます「げんき、やるき、こんき」のパワーをいっぱいにしていってほしいと思っています。お誕生日おめでとう。これからも応援しています。

④ 今日の園長先生からのお楽しみは、お水を使った手品です。夏はお水といっぱい仲良しになりますね。実は園長先生も八月生まれなんですよ。だから、お水とは大の仲良し。今日はお水が消えるという手品をします。(手品をする)

⑤ さっきもお話ししましたが、元気いっぱいのお友だちにプレゼントを渡します。大きな声で返事をしてくれるとうれしいですね。(一人ひとりにプレゼントを渡す)

⑥ 園児からのプレゼントと歌「気持ちを込めて歌いましょうね」

⑦ 保護者からの一言に対して「いいお話をありがとうございました」。

⑧ お楽しみをする園児に対して「楽しいゲームでしたね」。

⑨ 今月の歌に対して「もうすぐ夏休みだね。みんなが大きくなれる楽しい歌だから元気に素敵な声で歌いましょうね」。

⑩ おわりのことば

※ 終了後保護者に対して、「今日はありがとうございました。一人ひとりが大事に育てられてきたことをまた、改めて実感しました。大きくなってくると親はどうしても欲がでてきてしまうのですが、こういう機会を通して生まれてきた時の感動を思い出していただけたらと思っています。今後ともよろしくお願いいたします」と伝える。

自分たちでもやってみたいと思えるような身近な物を使う手品を選択する。

●保護者に対して

はじめに緊張感を取り除く声掛けをし、終わった後には、安心感が共有できるような声掛けをする。

●全園児に対して

常に温かい雰囲気のなかで行えるように声を掛けていく。

●終了後の懇談会

成長の喜びを共有し、共に育てていきましょうというメッセージを送る。

§4　7月・8月の誕生会園長あいさつ実例と解説

誕生会園長あいさつ実例と解説②

東京学芸大　学芸の森保育園長

真木千壽子

あいさつの概要・誕生会の流れ

①（誕生月の園児入場）はじめの言葉→②誕生児の紹介→③誕生児へのインタビュー（名前、年齢、好きな食べ物等）→④手作りのメダルを渡す（プレゼント）→⑤誕生会に参加している地域の子どもにも同じ手順で、紹介、インタビュー、手作りメダルのプレゼントをする→⑥誕生日の歌をみんなでうたう→⑦園長からお祝いの言葉→⑧先生からお楽しみのプレゼント→⑨誕生会終了（クラスにもどる）

あいさつ実例

⑦　七月・八月生まれのお友だち、お誕生日おめでとうございます。

七月はプール開きや七夕まつりがあります。八月は夏休みやお泊まり保育がありますね。このようないろいろな行事や、水遊びが楽しめる夏に生まれたみなさんは、とても元気で明るい太陽の子どもです。

夏でなければ味わえない、いろいろな水遊びを十分に楽しんでほしいと思います。でも、暑いところで長くいると熱射病にかかるので、体を休めながら無理をしないように遊んで下さい。

七月・八月生まれの保護者の皆様、お子様のお誕生日おめでとうございます。

七月・八月は何と言っても子どもたちの天国ともいえる月です。思いきり砂あそびや水遊びを太陽のもとで満喫できる月です。

七夕のお話は、幼い子どもの心に夢を与え想像豊かな優しい気持ちになったり、星や月に興味や関心がもてる機会となります。

また、夏ならではの遊びを経験するなかで、夏の自然などに興味をもったり考えたり、工夫したりする力を養うことができます。

そして、お泊まり保育を通して友だちと仲よくしたり、協力することの大切さがわかり、身の回りのことは自分でする態度などが身についていきます。

人間は、赤ちゃんの時の生まれた環境や育て方によって変わってきます。

あいさつの留意点

- 誕生日の子どもが前に出やすい雰囲気づくりをする。
- インタビューは、その子にとって無理のないような内容にする。
- 地域の子どもは母親と一緒に参加できるように配慮する。
- 七月・八月は、夏休みやプール遊びなどで時間のゆとりもないので、誕生会の時間配分をしっかりする。
- 七月・八月は、さまざまな行事を控えているので、行事に期待がもてるような語りかけを

おおかみに育てられた「アマラとカマラ」という女の子の話があります。今から一〇〇年程前にインドの小さい村で「アマラ（一歳六カ月）とカマラ（八歳）」の姉妹が発見されました。アマラは二歳六カ月で亡くなりましたが、カマラは孤児院で育てられました。

二人とも顔や姿は人間ですが、することなすことがおおかみであり、日中は暗い所で眠ったり、夜中になるとあたりをうろつき回り、おおかみのように「ウォー」とほえていました。食事は手を使わないでペチャペチャと食べ、救い出された時は四つんばいで走ったり、言葉もしゃべれないし聞き分けることもできませんでした。人間にはなつかず、他の子が近づいてくると歯をむきだしていやな声をたてるという始末、それでも人間の子どもに戻してやりたいと努力した結果、三年程たってカマラは両足で立って歩けるようになりましたが、急ぐと四足になって走り回り、その習慣は一七歳で病気で亡くなるまでとれなかったのです。言葉も死ぬまでに四〇～五〇語しか使うことができなかったという「アマラとカマラ」のお話です。カマラは、無表情で喜怒哀楽という感情があまりなかったとのことです。育つ環境にも関わりますが、人間の心の成長は、言葉の獲得もさることながら、周囲に温く見守られ、励まされ認められて優しさや思いやりも育ちます。

いろいろな事情があっても、子どもたちがのびのびと元気に育つように、保育園も努力してまいりますので、ご協力をよろしくお願い致します。

本日はお誕生日おめでとうございます。

する。

●地域の子どもたち（子育てひろばに参加の子ども）も含めて、楽しめる内容にする。

●園長の話が長くなり過ぎると、会全体がだらけてしまうので、状況を見ながらの話にする。

●時間配分を考える。

●誕生会の持ち方もその園の存在する地域によっても異なる。それぞれの園独自の展開を話し合い考えていく。

●家庭との協力を視野にいれながら、地域との連携も大切に配慮していく。

誕生会園長あいさつ実例と解説①

明治学院大学特命教授
前東京都墨田区立立花幼稚園長
田代恵美子

あいさつの概要・誕生会の流れ

※（年長五歳児が誕生会の準備や司会の練習をしたり、園長室に誕生児の保護者を迎えに来たりする。誕生児の保護者が入場）↓①年長児によるはじめのことば↓②誕生児へのインタビュー↓③園長からのおはなし↓④園長からのお楽しみ（手品）↓⑤園長からプレゼントを渡す↓⑥園児からのプレゼントを渡し、誕生児へのお祝いの歌を歌う↓⑦保護者からのお話を聞く（赤ちゃんの頃の思い出について）↓⑧お楽しみ（みんなで体操と玉入れをする）↓⑨今月の歌「どんぐりころころ」をみんなで歌う↓⑩おわりのことば↓⑪園児退場↓⑫誕生児の親子で写真を撮る↓⑬終了後、園長室にて誕生児の保護者に対して改めてお祝いの言葉とご来園のお礼を伝える

あいさつの留意点

●事前の留意点

誕生会を進行する年長

あいさつ実例

※年長児に対しては、「ありがとう。今日は素敵な誕生会になるようにお願いしますね。期待していますよ」と声を掛け、誕生児の保護者に対しては「本日は、ご多用の中、

ご来園いただき、ありがとうございます。お子さんの誕生をみんなでお祝いしたいと思っていますのでご協力のほどよろしくお願いいたします」と声を掛けておく。

① はじめのことば　② 誕生児へのインタビュー

おはようございます。今日は、九月生まれのお友だちのお誕生会ですね。九月生まれのみなさん、お誕生日おめでとうございます。今日もおうちの方が来てくださいましたね。おうちの方もありがとうございます。おうちの方からは後でお話をしていただきますが、今日は九月生まれのお友だちの名前がどうやってついたのか、だれがつけてくださったのかを後で聞いてみたいと思います。○○ちゃんや□□ちゃんってみんないいお名前ですよね。誰が考えてくれたのかしらね。園長先生もおうちの方のお話を聞くのがとても楽しみです。

③

さて、九月と言えば、みんなはどんな月って思う？そう、夏休みが終わってみんなが幼稚園に元気に戻ってきたね。「やっほっほなつやすみ」の歌みたいに「もうなかない」って、本当に泣かなくなって元気いっぱいになった月だね。あと、この前はおじいちゃん、おばあちゃんも来ていっぱい遊んで仲良くなった月だね。みんなの優しい気持ちがおじいちゃんやおばあちゃんたちはとっても嬉しかったって園長先生も褒められた月でした。ほかにどんなことがあった？どんぐり拾いにも行ったね。どんぐりいっぱい拾ってうれしかったね。そうそうどんぐりこまも作ったね。～ちゃん上手に回せるんだよね。あち、お月見団子も作ったね。お月さまもきれいだったね。空も青くていつも気持ちいいから、かけっことか踊りとかもいっぱいしている月だね。そう、みんなが思い出してくれたように九月は季節が変

児が自信をもって行えるように時間や場を設定したり、誕生児や保護者も緊張感のないように声を掛けたりしておく。

●教師間の連携

スムーズな進行が行えるように準備するものを確認しておく。

●園児向けの話の留意点

その月の特徴が意識できるような話や少しずつ自分のしてきたことを振り返れるような投げ掛けをしながら、自分の成長が分かるように伝えていく。また誕生児の得意なことや良さを伝えながら友だちの姿にも関心が向

わって自然がいっぱい、気持ちのいい月なんだね。そんな月に生まれたお誕生日の人たちは、自然と仲良くなったり、いろいろな人と仲良くなったりすることができる素敵な子どもたちなんです。園長先生は九月生まれのお友だちの素敵なところをいっぱい知っています。みんなもお友だちのいいところをいっぱい見つけてみてください。九月生まれのお友だちもまだまだパワーが残っているようなので、これからも、もっともっと「素敵、かっこいい」っていう姿をみんなにもおうちの方にも見せてください。期待しています。お誕生日おめでとう。これからも応援しています。

④ 今日の園長先生からのお楽しみは、みんながいっぱいパワーを持っているところを見せちゃう手品です。みんなはすごいっていう手品ですよ（手品をする）。

⑤ 優しい心、元気な体のお友だちにプレゼントを渡します。大きな声で返事をしてくれるとうれしいですね（一人ひとりにプレゼントを渡す）。

⑥ 園児からのプレゼントと歌「気持ちを込めて歌いましょうね」

⑦ 保護者からの一言に対して「素敵な名前の由来なんですね」

⑧ お楽しみをする園児に対して一緒に楽しんだり、応援したりする

⑨ 今月の歌

⑩ おわりのことば

※ 終了後、保護者に対して「今日はありがとうございました。名前に秘められた思いがよく伝わりました。その思いを園でも大事にしていきます」。

くようにしていく。

●園長のお楽しみに関して

運動会が近づいていることも考慮して自分たちの力がみなぎっていることを意識できるような手品を選択する。

●保護者に対して

終わった後に満足感がもてるように声を掛ける。

●全園児に対して

日頃より話を聞く態度や話す力を養っておく。

●終了後の懇談会

成長の喜びを共有し、協力を仰いでいく。

§5　9月の誕生会園長あいさつ実例と解説

誕生会園長あいさつ実例と解説②

東京都台東区立育英幼稚園長　鈴木かおる

あいさつの概要・誕生会の流れ

①誕生児入場（会場のみんなで名前を呼ぶ）→②誕生児は会場の全員と握手をしてから着席（会場のみんなはおめでとうと言いながら握手をする）→③はじめの言葉→④誕生児紹介（自分の名前と何歳になったかを言う）→⑤園長の話　誕生児と保護者にお祝いの気持ちを述べる→⑥季節を感じながら、お腹の赤ちゃんを保護者が大事に育てたことを話す→⑦赤ちゃんのお世話をしてくれた保護者へ誕生児から感謝の気持ちを表せるような話をする→⑧プレゼントを渡す（園からのカードと子どもたちから手作りのプレゼント）→⑨みんなの歌のプレゼント→⑩保護者からのお話（赤ちゃんのときやお気に入りの写真を持ってきていただき、実物投影機で映す→⑪誕生児と保護者と一緒に記念写真撮影→⑫お楽しみ（全員で季節の歌を歌う、触れ合い遊びをする）→⑬終わりのことば→⑭誕生会終了後、園長室で誕生月の保護者と懇談する

あいさつ実例

⑤　おはようございます。

九月生まれのお友だち、お誕生日おめでとうございます。九月生まれのお友だちのおうちの方々もお子様のお誕生日おめでとうございます。

⑥　今日は九月です。まだまだ暑いですね。ここにいる九月生まれのみんながお母さんのおなかにいたのは七月、八月で、お母さんのおなかこんなに大きくて（手で示す）もっともっと暑くてお母さんたち汗がいっぱい出て大変だったのです。（「お母さんたちそうでしたね！」とお母さんの同意を得るような言葉を掛ける）

そして、九月になってみんなが生まれたのですが、赤ちゃんのときみんなは一人でご飯食べられましたか？（子供の声を聞く）トイレでおしっこできましたか？（同様）そうですよね。赤ちゃんですもの。一人では何もできなかったですよね。お母さんやおうちの方がおっぱいを飲ませてくれたりミルクを飲ませてくれたりしました。トイレも自分では出来ないからおむつを取り替えてくれました。たくさんのお世話をしてお母さんやおうちの方がみんなのこと大事に育ててくれたおかげでみんなはこんなに大きく立派に育ちました。

⑦　お誕生日は一つ大きくなったとみんなからお祝いをしてもらえる日でもありますが、今まで育ててくれたお母さんやおうちの方に感謝をする日でもあるのです。

今日はお母さんたちが来てくれていますから、お母さんの目を見て「ありがとう」と言いましょうか。

あいさつの留意点

●会場の全員と挨拶

これから話が始まる意識につなげ、会場の全員が話を聞けるようにすると共に、園長からお祝いの気持ちをしっかりと表す。

●保護者を招待する意味

子育ての大変さを労い、誕生会に出席していただいたことに感謝の気持ちを伝える。お子さんの誕生日を幼稚園のみんなでお祝いする嬉しさを味わっていただく。

●園児に向けて

五・六歳になるまでにお家の方々に大事に育て

九月生まれの子どもたちに椅子から立ってもらい、お母さん方の方を向いて「ありがとう」と一緒に言う。

さて、九月になって、園長先生は園庭でこんな物を見つけました。朝顔の種、オシロイバナの種、風船かずらの種、ランタナの種、ジュズダマの種などあらかじめ用意しておき、実物投影機に一種類ずつ置きみんなに見せる。

朝顔の種を映す（子どもたちから「知ってる」などの声が出る）。子どもたちの言葉を拾いながら、夏の朝たくさん咲いていていましたね。その花が咲いた後これができていました。朝顔の種です。（種のさやを割ると中から三つ位の黒い種が出てくることを見せる）。これを大事にして来年の春、蒔くとみんなが年長組や一年生になった時また朝顔の花が咲くんですって。種ってすごいですね（おしろい花の種を割ると中から白い粉が出てくることや風船かずらの種にはハートの模様があることなどを実物投影機で拡大しながらみんなに見せる）。他にもいろいろな種が秋になると出てくるので園庭のどこかで見付けたら園長先生にも教えてね。これで園長先生のお話は終わります。

⑧

今、司会の人が「次はプレゼントです」としっかりお話をしてくれました。最初に、幼稚園からのプレゼントを園長先生からお渡ししますね。五歳になった手型と、六歳になった足型です。大きくなりましたね。中には写真や先生たちからのメッセージが書いてあります。おうちに帰ってお家の方と一緒に見てくださいね、と言い、一人ひとり名前を呼んで前に出てもらい、「おめでとうございます」と心を込め言い手渡す。

てもらったことをしっかりと伝え感謝の気持ちをもてるようにする。会場のみんなも感じとれるように話す。

●**毎月の話**

毎年テーマを決めて話をしている。今年度は自然への興味をもたせたいと考え、身近な植物の話をしている。植物は生まれる・成長・変化など誕生会にふさわしい観点で話せる。

●**プレゼントについて**

幼稚園の先生方がお祝いの気持ちを込めて作っていることを伝え、お祝いの気持ちを込め渡す。

誕生会園長あいさつ実例と解説①（いのちはつながっている）

こども科学センター・ハチラボ　センター長
元東京都渋谷区立広尾小学校長・広尾幼稚園長
中馬　民子

あいさつの概要・誕生会の流れ

①誕生月の園児の入場→②誕生月の園児の紹介→③誕生会の歌をみんなで歌う→④園長からのプレゼントを渡す→⑤園児たちからのプレゼントを渡す→⑥園長の話　来園してくれた保護者への感謝とお祝いの言葉を言う→⑦誕生日をみんながお祝いしてくれていることを話す→⑧お誕生日の意義や家族の喜びについて話す→⑨いきもの（今まで飼育してきたスズムシを例に）の命について具体的に話す→⑩保護者に誕生日の意義について話す→⑪おうちの人からの話　年少・どうしてその名前をつけたのか、年長・今、家で夢中になっていること、を話してもらう→⑫幼稚園の先生のからのお楽しみ、みんなで遊ぼう→⑬退場する園児を拍手で送る

あいさつ実例

①　一〇月生まれの皆さん、お誕生日おめでとうございます。こうしてみんながそろってお誕生日を迎えられたことをとても嬉しく思います。また、保護者の皆様におかれましては、お忙しいところご出席いただきありがとうございます。ご家族の方々と一緒に誕生日のお祝いができることはとても幸せなことです。

③　はじめにみんなでお誕生会の歌を心を込めて歌いました。みんなの笑顔がいっぱいでとても嬉しく思いました。

⑥　先ほど園長先生とそらぐみ（年長組）の皆さんからプレゼントをお渡ししました。園長先生からは、四月からの一人ひとりの成長の様子やよいところをカードに書き、記念の写真と一緒にお渡ししました。後でおうちの人と一緒に読んでください。そらぐみさんはグループをつくって、誰のプレゼントを作るか相談しました。そして、お誕生日を迎える一人ひとりのよいところをみんなで見つけました。今日のプレゼントは金メダルです。メダルの表に何の金メダルか書いてあります。嬉しいプレゼントですね。そらぐみさんありがとうございました。

⑦　お誕生日は家族はもちろんですが、みんながお祝いしてくれています。一年に一度、とても大切な日です。

⑨　さて、今日は皆さんに昆虫の命の話をします。ついこの間まで皆さんはスズムシを飼っていましたね（「スズムシの一生」のスライドショーをゆっくり思い出させるように見せ、言葉を添える）。九月にはとてもきれいな声で鳴いていてみんなも大好き

あいさつの留意点

●**集中して取り組むために、誕生会を楽しく、しかもしっかり話も聞けるように、年長さん二、三人で司会経験させるのもよい。**失敗させないように事前の指導は手間がかかるが、成果はある。

●**保護者への出席依頼**

当該の保護者には事前に確認を取り、日程調整を行う。お誕生日を迎えた子どもたちのすべての保護者が出席できるよう配慮する。

●**園長の話と出しもの**

園長の話のなかに出し

⑩

でした。お世話も一所懸命しました。でも今は一匹もいません。どうしたのでしょう。そう、みんなも飼っていたので知っていますね。スズムシたちは死んでしまいました。もういなくなってしまったのでしょうか(たまごを産んでいる、土の中にある等の声)。いいえ、スズムシはしっかりたまごを産んで、いのちをつないでいるのです。そのたまごはここ(土の中)にあります。土の中にいて温かい春になるまでじっと待ちます。寒い冬を越して春になると赤ちゃんのスズムシが誕生し、そしてまた、成長して大人のスズムシになります。そうやってスズムシはいのちをつないでいくのです。(と、静かに終わり、余韻を残す。)

保護者の皆様、今日は本当におめでとうございます。お子様は五歳、あるいは六歳の誕生日を迎えられて感慨ひとしおと思います。お子さんが生まれたときのことを思い出してください。どんな思いだったでしょう。生まれたときはあんなことがあった、こんなことがあった、そして、嬉しかったことを思い出してください。今こうして、元気にお誕生日を迎えられたことは本当に大事なことと思います。お誕生会は、とくに幼いうちは大きな意義があると思います。

子どもたちは私たちにかわいい笑顔や楽しい思い出をたくさんくれます。どうぞこれからも心を込めて子育てをしてください。そして、子どもたちが「自分は愛されている」と実感できる一日にしてください。本日はありがとうございました。

ものも含めて行う。単に楽しかったというのも必要だが、子どもたちが、なるほど、これはどうだろう、と探求心を掘り起こす内容も話したい。難しくならないように子どもたちの実体験のなかに題材を見付けるよう常に心がける。

●保護者へのメッセージ

子育ては楽しいことばかりではないが、子どもがいることの幸福を保護者自身が感じ取れるよう内容を意識して話す。

誕生会園長あいさつ実例と解説②

東京都台東区立育英幼稚園長
鈴木かおる

あいさつの概要・誕生会の流れ

①三歳児はいつも生活をしている保育室で誕生会をする→②誕生児の椅子はみんなとは違う飾りを付けて準備する→③誕生児以外の園児は大きく一円にした椅子に座る→④誕生児の保護者が保育室に入り椅子に座る→⑤担任がパネルシアターの舞台を出し、お誕生日の大きなケーキを動物たちが持ってきてお祝いをする話をする→⑥ケーキにろうそくを立てて誕生児がろうそくの火を消す（誕生児が息を吹きかけると担任がろうそくの火をはずしいかにも火が消えたような仕掛けを作ってある）→⑦園長の話　誕生児と保護者にお祝いの気持ちを述べる→⑧プレゼントを渡す（園からのカードを園長から渡す）→⑨みんなから歌のプレゼント→⑩誕生児と保護者と一緒に記念写真撮影→⑪保育室の誕生表の一〇月の汽車に誕生児が乗っていることを知らせる→⑫終了の言葉を言い、保護者には園庭で降園まで待っていてもらうように話す

あいさつ実例

⑦　○○組さん、こんにちは。○○組さん、ちゃんとみんな椅子に座っていてお誕生日の人の方に向いていてえらいですね。園長先生びっくりしました。
今、パンダさんやキリンさんたちが大きなケーキをもってお祝いに来てくれましたね。一〇月生まれの□□ちゃんも☆☆ちゃんも△△ちゃんもお誕生日のろうそくの火を「ふ～っ」と上手に消すことができましたね。さすが四歳です。
園長先生もお祝いしに来ました。一〇月生まれの□□ちゃん、☆☆ちゃん、△△ちゃんお誕生日おめでとうございます。おうちの方々も幼稚園のお誕生会に来てくださってありがとうございます。こんなに大きくなって嬉しいですね。お子さんのお誕生日おめでとうございます。

⑧　さあ、幼稚園からのプレゼントです。素敵なカードでしょう。先生たちが一所懸命に作ってくれました。お花がいっぱい咲いているカードを開けると中にはお誕生日の人と▽▽先生と一緒の写真や幼稚園の先生たちやおうちの方からのからのメッセージが入っています。四歳になりましたという手形もありますよ。おうちに帰ってからおうちの人と一緒によく見てくださいね。
それでは□□さん、前に来てください。「お誕生日おめでとうございます」と心を込めて一人ずつにカードを手渡す。「ありがとう」と言えたときには「あら、すごい。ありがとうってちゃんと言えるのね」と認める言葉を掛ける。順番に一人ひとりにカードを手渡す。

あいさつの留意点

●三歳児の誕生会

三歳児は降園時におうちの方を招待し、短時間で行っている。

●誕生児に向けて

みんなとは違う椅子を用意したり、誕生児の印のリボンを付けたりしていつもとはちょっと違う雰囲気を作り、嬉しさを感じられるようにする。

●誕生児以外の子どもたちに向けて

みんなでお祝いする会なので、きちんと座っている姿を認めながらみんなでお祝いする気持ちを高める。集まって話を聞

みんなも見たいですよね。お誕生日の人にお願いをしてちょっとだけ見せてもらいましょうか。「お誕生日の人いいですか?」と聞き、カードをみんなが座っているところに持っていき、見せながらみんなのところを一周する。

自分もカードが欲しいという子どももいるときには「みんなも四歳になったら、こんな素敵なカードがもらえるので楽しみに待っていてくださいね」と期待をもたせる。

さあ　次は園長先生からのプレゼントです。世界一周旅行か宇宙旅行かどっちがいいですか。

誕生児の希望を聞いて世界一周旅行は誕生児をおんぶし、みんなが円になって座っているところを一周する。宇宙旅行は抱っこし、グルグル回しをする。

⑪　保育室の担任手作りの誕生表を見ながら、「一〇月の汽車に☆☆ちゃんたちが乗ってるのね。次は一一月の汽車ですね。一一月の汽車に乗る人は誰かな。楽しみですね。

⑫　おうちの方々、今日はありがとうございました。ホットタイム(園長との懇談会)は、二学期のお誕生日の方、みなさんと一二月に行います。

それでは子どもたち、お帰りの支度をするので園庭で少しお待ちください。

ありがとうございました。

く態度は日頃から積み重ね育てていく。

また、内容は誕生児だけでなくみんなも一緒に見て楽しいものを考えたり、自分の誕生会を心待ちにできるような言葉を掛けたりしていく。

●**保護者に向けて**

幼稚園の誕生会にきてくださり一緒にお祝いできることを喜び、心を込めてお祝いの言葉を述べ感謝の気持ちを表す。

●**園長からのプレゼント**

言葉でなくスキンシップを兼ねながら楽しいことを考え、誕生会を楽しみにできるようにする。

誕生会園長あいさつ実例と解説①（みんなちがうけど、みんなおいしいよ）

こども科学センター・ハチラボ　センター長
元東京都渋谷区立広尾小学校長・広尾幼稚園長
中馬　民子

あいさつの概要・誕生会の流れ

①誕生月の園児の入場→②誕生月の園児の紹介→③誕生会の歌をみんなで歌う→④園長からのプレゼントを渡す→⑤園児たちからのプレゼントを渡す→⑥園長の話　来園してくれた保護者への感謝とお祝いの言葉を言う→⑦誕生日をみんながお祝いしてくれていることを話す→⑧お誕生日の意義や家族の喜びについて話す→⑨実りの秋に絡めて果物の話を具体的に話す→⑩保護者に誕生日の意義について話す→⑪おうちの人からの話　年少・どうしてその名前をつけたのか、年長・いま、家で夢中になっていることを話してもらう→⑫幼稚園の先生のからのお楽しみ　みんなで作ろう→⑬退場する園児を拍手で送る

あいさつ実例

① 一一月生まれの皆さん、お誕生日おめでとうございます。少し寒くなってきましたが、元気にお誕生日を迎えられたことをとても嬉しく思います。また、保護者の皆様

あいさつの留意点

●楽しい雰囲気を作るために

には、お忙しいところご出席いただきありがとうございます。ご家族の方々と一緒に誕生日のお祝いができることは私たちにとっても、とても嬉しいことです。

③　はじめにみんなでお誕生会の歌を歌いました。みんなの「お誕生日おめでとう」の気持ちが、お誕生日を迎えた五人のお友だちにもよく伝わったと思います。

⑥　先ほど園長先生とそらぐみ（年長組）の皆さんからプレゼントをお渡ししました。園長先生からは、四月からの幼稚園での様子が分かる写真を壁掛けにしてお渡ししました。メッセージも書いてあります。後でおうちの人と一緒に読んでください。そらぐみさんはグループをつくって、誰のプレゼントを作るか相談しました。そして、お誕生日を迎える一人ひとりの得意なことや好きな遊びを見つけました。それを絵本にしてプレゼントしました。どんな絵本になっているのでしょう。楽しみですね。そらぐみさんありがとうございました。

⑦　お誕生日はみんな待ちどおしいですね。おうちの人はもちろんですが、幼稚園のみんながお祝いしてくれています。一年に一度、とても大切な日です。

⑨　さて、皆さんこれを見てください（と言って、リンゴ、カキ、ミカンなど果物の断面図を見せる）。なんだか分かりますか（リンゴの切ったのだ、ミカンだ等の声）。そうですね、これは、皆さんがよく食べている果物を二つに切った切り口の絵です。何の果物か分かりますか（しばらく自由に発言できる時間をとる）。絵の順番に沿って何の果物か当てていく。例　リンゴ、ミカン、カキ、イチゴ、キウイ……（そのほか園児にとって身近なものや園児から出そうな果物を用意しておく）。みんなよく知っ

誕生会を楽しく、とくにお誕生日の子どもたちがよかったと思えるように、入場時の工夫や歌を歌ってお祝いの気持ちを伝えることなどをしっかり指導しておく。

●保護者への出席依頼

当該の保護者には、事前に確認を取り、日程調整を行う。お誕生日を迎えた子どもたちのすべての保護者が出席できるよう配慮する。

●園長の話と出しもの

園長の話のなかに出しものも含めて行う。

年間をとおしてテーマを決めて話の計画を立て

ていますね。では、皆さんはどの果物が一番好きですか。園長先生は〇〇〇が大好きだけどみんなはどうかな（お誕生日の子どもたち五人が発表する）。それぞれ違う果物が好きなのですね。Aちゃんはどうしてリンゴが好きですか。Bちゃんはミカンを好きな理由は何ですか（五人の園児がそれぞれ答える）。

みんな好きな果物が違っていました。形や色、味、におい、手触り、そして、切って中を見たら種の形や大きさ、並び方もさまざまでした。みんな違っていて、みんなおいしいのです。人はそれぞれ「好き」なものがあります。自分の考えや思いをしっかりもってお友だちに伝えることはとても大切です。

⑩

保護者の皆様、今日は本当におめでとうございます。これまで手塩にかけて育ててきたお子さんがご無事に五歳、あるいは六歳の誕生日を迎えられ、嬉しい限りと思います。子育ては喜びがある反面、悩むことも多いと思います。でも、お子さんが生まれたときのことを思い出し、元気にお誕生日を迎えられたことをご家族で感謝しつつお祝いしてください。

子どもたちは私たちに毎日幸せを運んでくれます。この子が生まれてきてくれて本当によかったという思いをもって、これからも子育てをしてください。そして、子どもたちが「自分は愛されている」と実感できる一日にしてください。

本日はありがとうございました。

るのも一方法である。今年度は「いきもの」をテーマに季節にあった生き物の話を中心に組み立てた。

●観察力を育てる機会

ここでは種の大きさや並び方に注目させるのもよい。

●保護者へのメッセージ

子育ては楽しいことばかりではないが、子どもがいることの幸福を保護者自身が感じ取れるよう、内容を意識して話す。

誕生会園長あいさつ実例と解説②

東京都台東区立育英幼稚園長
鈴木かおる

あいさつの概要・誕生会の流れ

①誕生児入場→②はじめの言葉→③誕生児紹介（年長組の係の子どもがインタビューをする。名前と歳を聞き、好きな食べ物などを聞く）→④園長の話（誕生児と保護者にお祝いの気持ちを述べる）→⑤プレゼントを渡す（園からの色紙と子どもたちから手作りのプレゼント）→⑥みんなから歌のプレゼント→⑦保護者からのお話（赤ちゃんの写真を実物投影機から大型テレビに映し出す。どんな赤ちゃんだったか、今どんなところがいいところなのかを話してもらい最後に我が子に向かって「大好き」と言ってもらう）→⑧誕生児と保護者と一緒に記念写真撮影→⑨園長からのお楽しみ（保護者の協力も得て楽しい話をしたり何かを見せたりする）→⑩みんなでお楽しみ（歌を歌ったりフォークダンスを踊ったりする）→⑪終わりの言葉→⑫終了後、園長室で誕生月の保護者と懇談する

あいさつ実例

②　おはようございます。

一一月生まれのお友だち、お誕生日おめでとうございます。一一月生まれのお友だちのおうちの方々もお子様のお誕生日おめでとうございます。

③　今日も○○組がお誕生会の司会をしてくれていますが、いつもと違ったところがありました。気が付きましたか。今までは「次は園長先生のお話です」だったのが、今日は「次は園長先生のお話です。静かに聞きましょう」と言ってくれました。「○○組さん、誰が考えたのですか?」自分たちで考えたのですね。誕生日の人へのインタビューも上手でした。さすが○○組さん、お誕生会の度に立派になっています。

④　さあ、一一月生まれのみなさん、一一月は暑いときですか?そう、夏から秋になってだんだん冬になっていくときで朝晩はずいぶん寒くなってきましたね。園庭では何の花が咲いていますか?そう、○○組さんが一所懸命に育てた菊の花が咲いていますね。みなさんがオギャーと生まれた時の一一月もきっと少しずつ寒くなり菊の花が咲いていた頃です。きっとお母さんやお家の方々はみなさんが生まれたときとっても嬉しかったことでしょう。ほら、お母さんたち、その時のことを思い出してとっても嬉しい顔をされていますよ。生まれた後はみなさんにおっぱいやミルクを飲ませるために冬の寒い夜も起きたり、おむつを替えたりしてくれて、たくさんお世話をしてくれました。今もご飯を作ってくれたり、洗濯をしてくれたりたくさんのことをしてもらっていますね。だから皆さんはこんなに立派に大きくなりました。

あいさつの留意点

●会場の全員と挨拶

一一月位になると集会の約束も分かり話を聞く態度も育ってきている。園長からお祝いの気持ちをしっかりと表す。

●係の仕事に目を向ける

誕生会は、年長組にとって自分の役割をみんなの前でしっかり果たすことで自信をもてる大事な場である。頑張っている姿をしっかり認める。年中組もその姿に目を向けていけるようにする。

●保護者の思いを感じる

自分の誕生を喜んでくれたりお母さんやおうち

お誕生日は、みんなからお祝いをしてもらえてとても嬉しい日でもありますが、今まで育ててくれたお母さんやおうちの方に感謝をすることも忘れないでほしいと思います。今日はお母さんたちが来てくれていますから「ありがとう」と言いましょうね。

⑤　さあ、お誕生日のみなさんへプレゼントです。今年の幼稚園のテーマは「世界中の子どもたち」です。お誕生生カードも世界の地図がデザインされています。素敵でしょう。一人ひとりに「おめでとうございます」と心を込めて手渡す。

⑨　お楽しみとして、園長が海賊の船長になりきり地球儀をもって登場する。「みんな久しぶり。元気だったかな？　私は海賊船に乗って「タイ」という国に行ってきたのだ。タイの国はだいたいこの辺にある（地球儀で示す）。タイの国の国旗はこれじゃよ。（国旗を見せる）暖かくていい国だった」。

そういえば、ここの幼稚園にもタイから来たお母さんがいるようだ。☆☆さんのお母さんじゃったな。タイの素敵なダンスを見せてくれるそうだよ。タイでは子どもの時から踊っていたそうだ。（踊っていただく）。

素敵なダンスじゃった。みんなで大きな拍手をしよう。☆☆さん、ありがとうございました。

それでは、船長はまた、他の国に行ってくることにしよう。みんな風邪をひかないように元気でな。

の方が当たり前のようにやってきてくれたりしたことに感謝の気持ちをもてるようにする。

●毎月の話

毎年、幼稚園のテーマがある。プレゼントや話をテーマに沿って考える。世界をテーマにしたのでさまざまな国に目を向けることと近年外国籍の方も増えていることから外国籍のおうちの方のご協力を得て子どもの頃に遊んだことや物を紹介してもらう。外国籍のおうちの方も子どもたちに理解してもらうことを喜んでいる。

誕生会　§7

誕生会園長あいさつ実例と解説①（くさばなのふゆごし）

こども科学センター・ハチラボ　センター長
元東京都渋谷区立広尾小学校長・広尾幼稚園長
中馬　民子

あいさつの概要・誕生会の流れ

①誕生月の園児の入場→②誕生月の園児の紹介→③誕生会の歌をみんなで歌う→④園長からのプレゼントを渡す→⑤園児たちからのプレゼントを渡す→⑥園長の話　来園してくれた保護者への感謝とお祝いの言葉を言う→⑦誕生日をみんながお祝いしてくれていることを話す→⑧お誕生日の意義や家族の喜びについて話す→⑨植物の話を具体的に話す→⑩保護者に誕生日の意義について話す→⑪おうちの人からの話　年少・どうしてその名前をつけたのか、年長・いま、家で夢中になっていることを話してもらう→⑫幼稚園の先生からのお楽しみ　みんなでゲーム大会をしよう→⑬退場する園児を拍手で送る

あいさつ実例

①　一二月生まれの皆さん、お誕生日おめでとうございます。今年も残りすくなくなり、
②　だいぶ寒くなりましたね。みんな元気ですか。今日は一二月生まれの六人のお友だちのお誕生日をみんなで楽しくお祝いしましょう。

あいさつの留意点

●**風邪をひかないように**
寒くなってきている。
誕生会はたくさんの幼児

保護者の皆様には、お忙しいところご出席いただきありがとうございます。お子様が元気にお誕生日を迎えられたことをとても嬉しく思います。

③　はじめに、みんなでお祝いの気持ちを込めてお誕生日の歌を歌いました。元気で楽しそうに歌っていて、とても嬉しく思いました。お誕生日のお友だちにも「おめでとう」の気持ちがとてもよく伝わったと思います。

④　先ほど園長先生とそらぐみ（年長組）の皆さんからプレゼントをお渡ししました。そらぐみさんがお祝いの言葉を添えて渡していたのはとても素晴らしかったです。園長先生からは、成長の様子が分かる記念の写真を入れた写真立てと一人ひとりのよいところを書いたカードをプレゼントしました。後でおうちの人と一緒に読んでください。そらぐみさんはグループをつくって、誰のプレゼントを作るか相談しました。

⑤　そして、お誕生日を迎える一人ひとりのよいところと一緒にしたい遊びを書いたノートを作りました。リボンをつけてプレゼントします。もちろん写真も貼ってあります。見るのが楽しみですね。そらぐみさんありがとうございました。

お誕生日は皆さんの成長を願っているおうちの人にとっても、とても嬉しい一日です。幼稚園でもみんながお祝いしてくれています。一年に一度のとても大切な日です。

⑥　さて、皆さん、これから冬が来てどんどん寒くなります。皆さんはどうやって冬を過ごしますか（風邪をひかないようにする、たくさん着る、……。他、子どもたちの発言の中からお誕生日の子の発言をみんなで聞く）。そうですか、夏や秋の頃より洋服をたくさん着たり、風邪を引かないようにうがいや手洗いをしたりして健康に過ご

が集まるので、湿度や喚起に気を付け、体調不良を出さないようにしたい。そのことが楽しい誕生会となる最も基本的なことである。

●保護者への出席依頼

当該の保護者には事前に確認を取り、日程調整を行う。ただし、本人が体調不良の場合は無理をしないように伝えておく。

●プレゼントについて

年長さんを生かして年長組がお誕生日の園児全員にプレゼントを作るという方法で行った。年長さんなりの話し合いやアイデアで心のこもったプ

すのですね。では、園庭の花壇や街の公園や野原にある草花はどうやって冬を超すのでしょう。Aちゃんはどうしていると思いますか。スズムシのようにたまごをうむのかなあ（えー っ、そんなことないよ。ちがうよ、種になるよ等々の声）。みんなも知っていることがありますね。種になって冬を越すものもあります。では、この写真を見てください（ナズナ、タンポポ、オオバコ等のロゼットを見せる）。いったいどうしたのでしょう（葉っぱがぺしゃんこになっている、踏んづけられたの等の声）。どうしてこのようになったと思いますか、考えてみましょう。冬は風がとても冷たいです。そして、植物は生きていくのに太陽の光が必要です。だから、冬は風を防ぎ、しかも太陽の光をたくさん浴びるためぺたんとした形になります。こんな形の草花がきっとみんなの周りにもあります。探してみてください。そして、風邪をひかないで過ごせるよう工夫して冬を乗り切りましょう。

⑨

⑩ 保護者の皆様、今日は本当におめでとうございます。幼稚園で行うお誕生会はお子さんと親御さんの思いを確かめ合う機会と思い大切にしています。今日は、「あなたが生まれてきてくれて本当に嬉しい」という思いとともに「私は愛されている」という思いをお子さんがもてるよう、ご家族でお祝いしてください。

子どもたちは日々成長し、私たちを悩ますこともありますが、どうぞこれからも子育てを楽しむ気持ちで続けてください。本日はありがとうございました。

レゼントができた。

●**園長の話と出しもの**

「いきもの」をテーマに季節にあった生き物の話を中心に組み立てた。

また、寒くて部屋にこもりがちだが、ロゼット植物を探したいという目的をもった野外での活動が可能である。

●**主役たちを生かす。**

誕生日の子どもたちを中心に話を進めるように心がける。

●**保護者へのメッセージ**

子どもが生まれ成長していることの幸福を保護者自身が感じ取れるような内容を意識して話す。

§８　12月の誕生会園長あいさつ実例と解説

誕生会園長あいさつ実例と解説②

明治学院大学特命教授
前東京都墨田区立立花幼稚園長　田代恵美子

あいさつの概要・誕生会の流れ

※（年長五歳児が誕生会の準備や司会の練習をしたり、園長室に誕生児の保護者を迎えに来たりする。誕生児の保護者が入場）→①年長児によるはじめのことば→②誕生児へのインタビュー→③園長からのおはなし→④園長からのお楽しみ（絵本を読む）→⑤園長からプレゼントを渡す→⑥園児からのプレゼントを渡し、誕生児へのお祝いの歌を歌う→⑦保護者からのお話を聞く（赤ちゃんの頃の思い出について）→⑧お楽しみ（年長児からの出し物）（ハンドベル）→⑨今月の歌「一二月だもん」をみんなで歌う→⑩おわりのことば→⑪園児退場→⑫誕生児の親子で写真を撮る→⑬終了後、園長室にて誕生児の保護者に対して改めてお祝いの言葉とご来園のお礼を伝える

あいさつ実例

※　誕生児の保護者に対して、「本日は、ご多用の中、ご来園いただき、ありがとうございます。お子さんの誕生をみんなでお祝いしたいと思っていますので、ご協力のほど

あいさつの留意点

●事前の際の留意点

保護者が誕生会を楽し

よろしくお願いいたします」と声を掛けておく。

① はじめのことば ② 誕生児へのインタビュー

③ おはようございます。今日は、一二月生まれのお友だちの誕生会ですね。一二月は一年のうちで一番楽しいことがいっぱいあったり、忙しかったりする月かもしれません。その時に生まれた元気なお友だちが今日は七人、ここに並んでくれました。○○ちゃんは二四日のクリスマス・イブの日に生まれたんですって。きっとお母さんへのクリスマスプレゼントだったことでしょうね。□□ちゃんは三一日ってもうすぐその年が終わるという夜に生まれたんですって。おうちの人も忙しかったし、待ち遠しかったでしょうね。○○ちゃんも□□ちゃんもおうちの人たちから早く顔が見たいよって、抱っこしたいよって楽しみにされていたことでしょうね。園長先生は、さっきお母さんたちからみんなが生まれたときの話を先に聞いてしまいました。今日もおうちの方からみんなにも生まれたときのことや赤ちゃんだった時のことを聞かせてもらおうと思っていますが、本当に子どもが生まれるということはうれしいことだし、大変なことなのです。みんなはお母さんのおなかの中に一〇ヵ月も入っていたんですよ。みんながおなかにいる時はお母さんのおへそとみんなのおへそがつながっていて、みんなはお母さんのおへそから栄養をもらって、おなかの中でぐんぐん大きくなっていったのです。お母さんは、ご飯をいっぱい食べておなかの中のみんなに「大きくなってね。元気に生まれてきてね」っていつも願っていたはずです。そして、おなかの中のみんなが「そろそろ出たいよ。おうちの人たちに会いたいよ」っておなかをとんと

みになるように、また緊張感のないように事前に話を聞いたり、声を掛けたりしておく。

●園児向けの話の留意点

自分の誕生が家族やみんなの喜びになったことや、大事にされてきたことが実感できるような内容にする。また誕生児だけでなく、それぞれの園児が自分のこととして捉えられるように語り掛けていく。

●園長のお楽しみに関して

話と連動する絵本を選び、より誕生することへの思いが高まるようにす

んたたき始めたときにお母さんも「待ってるよ。みんな楽しみにしているよ」って言って病院に行ってみんなを産んだんです。みんなの気持ちとお母さんの気持ちが一緒にならないとみんなは生まれなかった。だから、誕生日は、おうちの人は「生まれてきてくれてありがとう」っていう日だけど、みんなからは「産んでくれてありがとう」とお母さんに伝える日でもあるのです。みんなは大事な宝物です。自分を大事にして、ますます大きくなっていってください。これからも応援しています。おうちの方も今日はおいでくださってありがとうございました。

④　今日の園長先生からのお楽しみは、『おかあさんがおかあさんになった日』という絵本を読みます。今、お話ししたように、みんながどんなに大事な子どもなのか、おうちの人の宝物なのかを伝えたいと思います（絵本を読む）

⑤　園長からのプレゼント（一人ひとりにプレゼントを渡す）

⑥　園児からのプレゼントと誕生日の歌「気持ちを込めて歌いましょうね」

⑦　保護者からの一言に対して「いいお話をありがとうございました」。

⑧　お楽しみ「ハンドベル演奏」

⑨　今月の歌

⑩　おわりのことば

※　終了後、保護者に対して「今日はありがとうございました。この世に生を受けるということはある意味奇跡なのです。誕生日は原点に返る日と考えています。園でも大事に育てていきますので、今後ともよろしくお願いいたします」と伝える。

●**保護者に対して**

誕生のときの話をじっくり聞くことで、子育ての喜びが実感できるようにしておく。自分の喜びが子どもたちにも伝わるようにゆっくり語り掛けてもらうように声を掛けておき、また、終わった後に、安心感が共有できるような声掛けをする。

●**全園児に対して**

一二月は集会も多くなる月なので誕生会の意味を再度確認したり、気持ちを改めさせたりしながら、常に温かい雰囲気の中で楽しめるようにする。

誕生会園長あいさつ実例と解説①

東京都千代田区立番町幼稚園長　中村　千絵

あいさつの概要・誕生会の流れ

子どもたちが互いの誕生月を祝う気持ちを大切に、会を行う。複数学年が合同で実施する場合には、会の準備や司会等は五歳児学級の子どもたちを中心に行う。一月の誕生会では、四歳児に、幼稚園での役割を引き継いでいくために、意識的に五歳児の動きを見せていくことが大切である。

①（誕生月の園児とその保護者の入場）→②園児による誕生月の園児へのインタビュー→③保護者から誕生月の幼児の生まれた時の様子とその喜びの話→④園長より、誕生月の子どもと保護者へのお祝いの言葉、一月という月のもつ意味についても話をする。→⑤園長から誕生カードを渡す。誕生カードの意味についてポイントを押さえて伝える。→⑥子どもたちから手作りのプレゼントを渡す。→⑦誕生会の歌を歌い、全員からのプレゼントとする。→⑧園長からのお楽しみを披露する。（コマ回し）→⑨保育者や子どもたちからのお楽しみを披露する。→⑩誕生会最後に改めて保護者にお祝いと参会への御礼を伝える。

あいさつ実例

④　一月生まれの○○さん、□□さん、お誕生日おめでとうございます。ご家族の皆様も本当におめでとうございます。今日は、お父さんやお母さんも来てくださり、先ほどは貴重なお話をありがとうございました。ご家族のお話を聞いて、皆さんが生まれてきてくれて、どんなにお父さんやお母さんは嬉しかったか、よく分かりました。生まれてきてくれて、ありがとう。

一月は、一年の一番初めの月です。そういう時に生まれた皆さん、ご家族のお喜びはひとしおだったと思います。一月のことを昔は、「睦月」と呼びました。睦月の睦は、仲良くするという意味です。家族や知り合いの人が集まって、仲良くお正月を迎えようという意味があるとも言われています。一月生まれの皆さんは、きっと周りの人たちを仲良しにする力をもって生まれてきたと思います。本当におめでとうございます。

⑤　誕生カードには、家族の方から、担任の先生から、そして園長先生からも「お誕生日おめでとう」のお手紙が貼ってあります。みんなの、おめでとうの気持ちをいっぱい込めたお誕生カードです。おめでとうございます。

⑧　今月は、園長先生から、いろいろなお正月遊びを紹介したいと思います。みんなは、この間まで冬休みでしたよね。昔から、お正月は「お正月休み」があって、お仕事や学校がお休みだったのです。そこで、子どもたちは、いつもと違うちょっと特別な遊びをしました。それは、どんなことだったかと言うと、「かるた」「たこあげ」「福笑い」。あれ？みんなが幼稚園で遊んでいる遊びと一緒ですね。みんなが楽しんでいるお正月

あいさつの留意点

●あいさつに当たって

お誕生会では、お誕生月の子どもたちにスポットライトが当たるよう、一人ひとりの子どもたちの名前を呼ぶ。

●家族の方のお話

家族の方からお話をしていただくことは、子どもたちにとって、家族の愛を感じる大切な機会となる。事前に話のテーマや時間の長さなどを伝え、ご家族にとっても負担のないようにする。

●誕生カード

三年保育であれば、三回もらうものであるの

遊びは、昔から子どもたちが楽しんできたんですね。

その中から、今日は、こま回しをやってみますね。こまにはいろいろな種類があります。みんなが知っているのは、○○組（三歳児）にある「手回しゴマ」、□□組（四歳児）にある「引きゴマ」、△△組（五歳児）にある「投げゴマ」ですね。他にも、いろいろな種類のコマがあります。園長先生が、旅行に行った先で見付けたコマを紹介しますね（逆立ちゴマや、引っかけゴマなど、保育室にはないコマを紹介し、誕生会後、各保育室でも楽しめるようにする）。

それから、投げゴマには、いろいろな遊び方ができます。（回したコマをひもで釣り上げる、お盆の上にのせるなど、投げゴマができるようになった五歳児が憧れたり、挑戦したりできるような遊びを紹介する）。

で、お祝いの気持ちを伝えると共に、成長と変化が感じられるものとする。たとえば、カードに貼る写真を三歳児の時は、保育者と一緒に、四歳児の時は一人で好きな場所で、五歳児の時は、友だちと一緒になど工夫をする。

●お楽しみ

園長からのお楽しみは、会全体の長さや内容に合わせて調整をする。誕生月の子どもの人数が多い場合には、セレモニー部分が長くなるので、短い時間で楽しめるものにするなどの工夫をする。

§9　1月の誕生会園長あいさつ実例と解説

誕生会園長あいさつ実例と解説②

社会福祉法人藤花学園北野保育園理事長
田中　裕

あいさつの概要・誕生会の流れ

①舞台に誕生月の園児が登壇、園長あいさつ→②担当学年保育士による誕生月園児へのインタビュー→③誕生月園児へのプレゼント→④誕生会の歌を全員で合唱→⑤保育士によるお楽しみ出し物→⑥園児退場

あいさつ実例

①　一月生まれのお友だち、お誕生日おめでとうございます。

一月になって新しい年になりました。みなさん、今年は「何年（なにどし）」になったか知っていますか。そうです、○○年ですね。

○○年は年が変わると動物も変わります。全部で一二の動物がいて十二支と言います。あとで先生たちが十二支のお話を見せてくれるので楽しみにしてくださいね。

さて、一月は一年の一番初めの月になります。一月から何月まであるか知っていますか。一二月までありますね。

何年（なにどし）も一二個あって何月（なんがつ）も一二個あります。一月生まれの皆さんは年の一番初めに生まれたお友だちです。

年が変わってお正月があって、みなさんが生まれました。新しい年になってみなさんが生まれて、おうちのお父さんやお母さん、そして、たくさんの人が喜んでくれました。今日もたくさんのお友だちが「おめでとう」ってお祝いしてくれます。

小さな赤ちゃんだった皆さんもこんなに大きくなりました。元気で毎日楽しく保育園に来ていますね。

でも、生まれたばかりのころは本当に小さな赤ちゃんで、風邪をひいて熱を出したり、お腹が痛くなったりして、お父さんやお母さんは、とても心配で心配でたまらなかったこともたくさんありました。

お誕生日の日は、おうちに帰ったらお父さんやお母さんに「産んでくれてありがと

あいさつの留意点

●保育園では乳児もいるため、全園児の前での園長や保育者のあいさつは、長くなりすぎないように工夫する。上記のあいさつでは十二支の説明を入れているが、正月明け等、別の機会で話していれば省略も可。

●「みんなが祝福してくれる」という思いを子どもにたっぷりと味わわせることで自己肯定感を少しでも育みたい。また、自分を生み育ててくれた親への思いも併せて育みたい。

お誕生日の前の日から一つ、お兄さん、お姉さんらしくなってほしいと思います。

う」とお礼を言えるといいですね。そして、お兄さん、お姉さんになったみなさんには、お兄さん、お姉さんらしくなってほしいと思います。

自分より小さなお友だちにも優しくしてあげてください。

●園児へのインタビューは、乳児、三歳未満児は答えられない子も多いので保育者が代弁、復唱してサポートする。インタビューも、子どもがすぐに答えられる内容にする。子どもが「自分の誕生会のときはこれを言おう」と期待しているので、月ごとに替えたりしない。

●保育士の出し物は、季節の行事を別に行う場合もあるので、月にこだわらず、寸劇、クイズ、手品など保育士の研修の意味も含めて工夫する。

誕生会園長あいさつ実例と解説①

東京都千代田区立番町幼稚園長　中村　千絵

あいさつの概要・誕生会の流れ

子どもたちが互いの誕生月を祝う気持ちを大切に、会を行う。複数学年が合同で実施する場合には、会の準備や司会等は五歳児学級の子どもたちを中心に行う。二月の誕生会では、五歳児と四歳児が一緒に会の準備や司会を行い、五歳児が四歳児に幼稚園の役割を伝え、進級への期待感につなげていく。

①（誕生月の園児とその保護者の入場）↓②園児による誕生月の園児へのインタビュー↓③保護者から誕生月の幼児の生まれた時の様子とその喜びの話↓④園長より、誕生月の子どもと保護者へのお祝いの言葉。二月の寒さや春の訪れについても話をする。↓⑤園長から誕生カードを渡す。誕生カードの意味についてポイントを押さえて伝える。↓⑥子どもたちから手作りのプレゼントを渡す↓⑦誕生会の歌を歌い、全員からのプレゼントとする。↓⑧園長からのお楽しみを披露する（パネルシアター）↓⑨子どもたちからのお楽しみを披露する↓⑩誕生会最後に、改めて保護者にお祝いと参会への御礼を伝える

あいさつ実例

④　二月生まれの○○さん、□□さん、お誕生日おめでとうございます。ご家族の皆様も本当におめでとうございます。今日は、お父さんやお母さんも来てくださり、先ほどは貴重なお話をありがとうございました。ご家族のお話を聞いて、皆さんが生まれてきてくれて、どんなにお父さんやお母さんは嬉しかったか、よく分かりました。生まれてきてくれて、ありがとう。

今日のお誕生会は、そら組（五歳児）さんだけでなく、うみ組（四歳児）さんも一緒に準備をしてくれたんですよね。司会も、そら組とうみ組が一緒に頑張っていますね。そら組さん、うみ組さんに教えてくれてありがとう。うみ組さん、とても立派な司会です。本当にもうすぐそら組ですね。

二月は、一年で一番寒い月です。でもね、春がすぐそこまで来ている月なのです。皆さんは、この間、節分で豆まきをしましたよね。その時にもお話をしましたが、豆まきは春が来る前に鬼を追い出すという意味ですから、暦の上では、もう春が来ているのです。幼稚園の門のところにある梅の木には、たくさんのつぼみが膨らんできています。後で、見てみてくださいね。二月生まれの皆さんは生まれてくる時に、一緒に春を連れてきてくれたのでしょう。本当におめでとう。

⑤　誕生カードには、お誕生日の月の皆さんの身長や体重が書いてあり、手形が貼ってあります。小学生やもっと大きくなった時に、うみ組の時は、背の大きさがこのくらいだったんだなあ、手の大きさはこのくらいだったんだなあと、自分がどれだけ大き

あいさつの留意点

●子どものインタビュー

誕生月の子どもへのインタビューは、その子の魅力や人となりが伝わることが目的なので、本人が聞かれたいことを中心に考えていく。人前で話すことが苦手な子どもなど、その場で答えられないことが予想される場合には、事前に答えを聞いておいて、担任が代わりに答えるなどの工夫をする。

●子どもの司会

子どもたちが、自分たちで会を進めていく気持ちがもてるよう、司会の

くなったかが分かりますね。大きくなった時に、この誕生カードを見返してみてください。お誕生日、おめでとう。

⑧ 今日の園長先生のお楽しみは、パネルシアターです（季節に合わせたものや、二月なので、少し長めの物語でもよい。例として『ねこのおいしゃさん』）

このあいだ、園長先生は、コホンコホンとセキがでていたので、これは風邪をひいたのかもと思って、お医者さんに行ったのです。森の中にある病院で、なんとそこには、ねこのお医者さんがいたのです。

（パネルシアター終了後）みなさんもどうぞ、お大事に。しっかり手を洗ってうがいをして、風邪に気をつけましょうね。

言葉を時期に合わせて自分たちで考えられるようにしていく。

●誕生カード

園長や保育者からのメッセージは、その子ならではの内容で、その子の良さや魅力を伝えるものであるように工夫する。

●お楽しみ

年間を通して、園長が得意なものや子どもに伝えたいことをテーマにして行ってもよい。たとえば、マジックや科学実験、絵本の読み聞かせなど。

§10　２月の誕生会園長あいさつ実例と解説

誕生会園長あいさつ実例と解説②

社会福祉法人藤花学園北野保育園理事長　田中　裕

あいさつの概要・誕生会の流れ

①舞台に誕生月の園児が登壇、園長あいさつ→②担当学年保育士による誕生月園児へのインタビュー→③誕生月園児へプレゼント→④誕生会の歌を全員で合唱→⑤保育士によるお楽しみ出し物→⑥園児退場

あいさつ実例

①

二月生まれのお友だち、お誕生日おめでとうございます。

一月はお正月がありました。二月には何があるか知っていますか。そうです、節分の豆まきです。

月には一月から一二月までいろんなことがありますね。これを年中行事と言って日本では昔からこの年中行事を大切にしてきました。

さて、二月は一月と同じように一年の中でも一番寒い月です。

氷がはったり、雪が降ったりすると、雪だるまを作ったり、雪合戦をしたりして、みなさんはわくわくして楽しくなりませんか。

そんな一番寒い二月にみなさんは生まれました。寒い時期に生まれた皆さんのことをとっても心配した人がいます。誰だと思いますか。おうちのお母さんやお父さんです。

冬にはインフルエンザやお腹の風邪やいろいろな病気がはやるから、赤ちゃんがかからないように、着る服を考えたりお部屋を暖かくしたり、温かい食べ物を作ったり大変だったと思います。

そんなお母さんやお父さんの大変だったことを考えてみてください。自分のお誕生日の日にはたくさんの人から「おめでとう」と言われますが、おうちに帰ったらお母さんやお父さんに「生んでくれてありがとう」と伝えてあげてくださいね。

二月は、一番寒い時期ですが、先ほどお話しした「節分」の次の日から「春」にな

あいさつの留意点

●保育園では乳児もいるため、全園児の前での園長や保育者のあいさつは、長くなりすぎないように工夫する。節分の豆まきは別途に行事として行うことを想定して触れるだけにしてある。

●「みんなが祝福してくれる」という思いを子どもにたっぷりと味わわせることで自己肯定感を少しでも育みたい。当園では誕生児へのプレゼントはクラスの友だちの一人が舞台の下で手渡している。

ると昔の人は決めていました。これから少しずつ寒さが和らぎ、春になる準備が始まります。

地面の中にいる草や葉っぱがない木が春に向かって、芽やお花を咲かせる準備に入るのです。

みなさんも春に向かって元気よく毎日過ごしていきましょう。

●園児へのインタビューは、乳児、三歳未満児は答えられない子も多いので、保育者が代弁、復唱してサポートする。インタビューも子どもがすぐに答えられる内容にする。子どもが「自分の誕生会のときはこれを言おう」と期待しているので月ごとに替えたりしない。

●保育士の出し物は、季節の行事を別に行う場合もあるので、月にこだわらず、寸劇、クイズ、手品など保育士の研修の意味も含めて工夫する。

誕生会園長あいさつ実例と解説①

東京都千代田区立番町幼稚園長　中村　千絵

あいさつの概要・誕生会の流れ

年度最後の誕生会であるので、全員が誕生月を迎えたことを互いに喜ぶとともに、三月生まれの子どもたちが今日までお誕生会を待っていた気持ちを他の子どもも共感できるようにする。会の準備や司会は四歳児が行い、五歳児がこれを見守れるようにする。

①（誕生月の園児とその保護者の入場）→②園児による誕生月の園児へのインタビュー→③保護者から誕生月の幼児の生まれた時の様子とその喜びの話→④園長より、誕生月の子どもと保護者へのお祝いの言葉。進級や進学への期待感についても触れる→⑤園長から誕生カードを渡す。誕生カードの意味についてポイントを押さえて伝える→⑥子どもたちから手作りのプレゼントを渡す→⑦誕生会の歌を歌い、全員からのプレゼントとする→⑧園長からのお楽しみを披露する（絵本の読み聞かせ）→⑨全員でダンスを楽しむ（お誕生月仲間など）→⑩誕生会最後に、改めて保護者にお祝いと参会への御礼を伝える

あいさつ実例

④　三月生まれの○○さん、□□さん、お誕生日おめでとうございます。ご家族の皆様も本当におめでとうございます。今日は、お父さんやお母さんも来てくださり、先ほどは貴重なお話をありがとうございました。ご家族のお話を聞いて、皆さんが生まれてきてくれて、どんなにお父さんやお母さんは嬉しかったか、よく分かりました。生まれてきてくれて、ありがとう。

今日のお誕生会は、うみ組（四歳児）さんが準備も司会もしてくれています。二月の時には、そら組（五歳児）さんに教えてもらって、今度は自分たちだけで頑張っていますね。そら組さん、どうですか？うみ組さん、頑張っていますか？そら組さんが応援してくれて嬉しいですね。

三月生まれのお誕生会が来て、ここにいる皆さん全員がお誕生会でお祝いをしてもらうことができました。お誕生日は、誰にでもみんなにあります。そして、誰にとっても大切な日です。三月生まれの人は、四月から今日までずっと待っていたんですよね。長い間、お待たせしました。本当におめでとう。

そして、今日は、そら組さんにとって、幼稚園で最後の誕生会です。次のお誕生会の時には、みなさんは小学一年生ですね。うみ組さんは、なに組になっていますか？そう、そら組ですね。今日、そら組さんに応援されて、立派に司会もインタビューもできました。いつでも、そら組になれますね。

⑤　（誕生カードは、一人ずつ園長から丁寧に手渡しできるようにする）誕生カードには、

あいさつの留意点

●あいさつのポイント

誕生会は、園長が毎月、子どもたちに対して、まとまった時間、話をできる大切な機会である。子どもたちに伝えたいことをその時期に合わせて、また年間を通したテーマで話していくのもよい。たとえば、二四気など暦の上での季節について、自然についてなど。また、その月に合わせた詩などを紹介するのもよい。

●誕生会の歌

年間を通して歌うので、選曲に工夫をする。三年保育であれば、毎年

お誕生日の人の写真、おうちの人や先生からのメッセージ、そして、身長、体重、手形が載っています。五歳になった◯◯さんがここにギュッと詰まっています。おうちに帰ってゆっくり見てください。

お誕生日、おめでとう。

⑧

今日は園長先生からお話をプレゼントします（季節に合わせたもの、誕生会の一年間の締めくくりとなる内容ものなど。例として『おおきくなるっていうことは』『おおきくなったらきみはなんになる？』）

三月生まれのみなさん、お誕生日おめでとう。そして、うみ組さん、そら組さん、みんな大きくなっておめでとう。生まれてきてくれて、本当にありがとう。

違う歌を歌うことで、三曲の誕生会の歌を知ることができる。また、子どもの名前を入れることのできる曲を選曲することで、より、誕生月の子どもをクローズアップすることもできる。

●特別の支援

子どもによっては、前に出ることに抵抗があったり、インタビューでのやりとりが難しかったりする場合がある。型にこだわることなく、その子どもにお祝いの気持ちが伝わる方法を工夫する。その際、事前に保護者に方法を伝えておく。

§11　3月の誕生会園長あいさつ実例と解説

誕生会園長あいさつ実例と解説②

社会福祉法人藤花学園北野保育園理事長　田中　裕

あいさつの概要・誕生会の流れ

①舞台に誕生月の園児が登壇、園長あいさつ→②担当学年保育士による誕生月園児へのインタビュー→③誕生月園児へプレゼント→④誕生会の歌を全員で合唱→⑤保育士によるお楽しみ出し物→⑥園児退場

あいさつ実例

①　三月生まれのお友だち、お誕生日おめでとうございます。誕生日を迎えて前よりもお兄さんになった人？（挙手を求める）。お姉さんになった人？（挙手を求める）。四月から三月まで毎月、たくさんのお友だちが誕生日を迎えてお兄さん、お姉さんになりましたね。

さて、三月生まれのみなさんはクラスのお友だちのなかで、四月から数えると最後の月に誕生日を迎えました。

今まで他のお友だちの誕生会を見てきて待ち遠しかったことと思います。自分のお誕生日の日にはたくさんの人から「おめでとう」と言われますが、おうちに帰ったらお母さんやお父さんには「生んでくれてありがとう」と伝えてあげてくださいね。

三月というのは、実はとても大切な月です。それは四月から過ごしてきたクラスが最後の月になるからです。

三月から四月になると、みなさんは、何組さんになりますか？そうです、一つ上のお兄さん、お姉さんクラスになりますね。小学校一年生になるお友だちもいます。今、一緒にいるお友だちと違う学校になることもあります。

思い出してみると、新しいクラスになった四月から二月までみなさんは、お友だちや先生たちと毎日たくさん遊んで過ごしてきました。春のあたたかいお日様を浴びてのお散歩、夏の水遊びや、プール遊び、秋は運動会や遠足、冬は発表会など。

毎日の生活とたくさんの行事でいろいろなことを学んできましたね。そして、三月

あいさつの留意点

●三月は年度末であり、五歳児は卒園に向けての活動や卒園式の練習、他の学年も次の学年への移行など、通常と異なる生活も多くなる。しかし、三月生まれの子どもたちは今まで友だちの誕生会を見てきており、自分の誕生会を心待ちにしているので、他の月以上に誕生会を大切にして会を開催できるとよい。

●保育園では乳児もいるため、全園児の前での園長や保育者のあいさつは長くなりすぎない

は新しいクラスに向けてさらに成長する月なのです。
　今までよりもっとお兄さん、お姉さんになれる三月にしてください。そして、お友だちと仲良く遊んで、思い出をたくさん作ってください。

ように工夫する。

●「みんなが祝福してくれる」という思いを子どもにたっぷりと味わわせ自己肯定感を少しでも育みたい。

●園児へのインタビューは、乳児、三歳未満児は答えられない子も多いので保育者が代弁、復唱してサポートする。

●保育士の出し物は、季節の行事を別に行う場合もあるので、月にこだわらず、寸劇、クイズ、手品など、保育士の研修の意味も含めて工夫する。

〈編集〉
教育開発研究所編

《幼稚園・保育園》保護者会・誕生会園長あいさつ実例集
——保護者の心を動かし、子どもの成長を願う１年間の園長あいさつ36例

平成31年３月１日　初版発行

編　　　集　五十貝　博之
発　行　者　福山　孝弘
発　行　所　〒113－0033　東京都文京区本郷２－15－13
（株）教育開発研究所
電話（03）3815－7041（代）
FAX　0120－462－488
郵便振替　00180－３－101434
印刷所　第一資料印刷株式会社

落丁・乱丁本はお取り替えいたします。
★定価はカバーに表示してあります。
ISBN978-4-86560-510-5　C3037

MEMO

MEMO

MEMO